競技に活きる! 魅せる新体操 体づくりのポイント

日本女子体育大学准教授
日本女子体育大学新体操部部長　橋爪みすず 監修

JN016446

はじめに

2017年に、当時日本女子体育大学学長でいらした石﨑朔子先生の監修により『魅せる新体操上達のポイント50』が出版されました。一般書店やネット書店に並ぶ新体操の教本は何十年ぶりかだったため、大変好評でした。それからの2年間で、団体競技、さらに5手具それぞれの「レベルアップBOOK」も出て、じつに7冊のシリーズとなりました。

そして2020年になり、誰もが予測していなかった新型コロナの感染拡大により東京五輪は延期、ジュニアや高校生たちがめざしていた大会もことごとく中止になりました。練習さえ自粛せざるを得ない状況の中、こんなときだからこそ、「新体操の体づくり」で本ができないだろうかというありがたいお話をいただきました。

今年は、試合が少なかったため、選手たちも基礎の見直し、ブラッシュアップに時間を割くことができました。体育館での練習ができない時期も、体づくりのトレーニングのほとんどは自宅で一人でもできるので、そういう意味でもこの時代にマッチしたテーマだと感じました。

私が指導している選手たちを見ても、ここ数年、手具操作を大幅に増やさなければ勝負にならないルールに対応してきた弊害があちこちに出ていることが感じられました。

今のジュニア選手やチャイルドさんたちは新体操を始めた瞬間から手具を持つ、そんな世代です。今のルールに対応するためにはそれは必要なことだったと思います。が、得るものがあれば、失うものもあるのが世の常です。

今の選手たちの手具操作能力は、ひと昔前なら世界選手権レベルです。特別な人にしかできないと思われていたスーパーテクニックをジュニア選手でもこなすようになってきています。しかし、それと引き換えに、2000年代のような柔軟性や四肢の美しさは徐々に失われています。この流れに歯止めをかけることは、それぞれが「体づくり」に対して高い意識をもち、努力を重ねることでしかできないと思います。

この本が、美しい新体操を取り戻す一助になり、また今年のように自主練習の重要性が高まったときのパートナーとなれたなら、こんなに幸せなことはありません。

新体操のルールについて

　新体操のルールは、オリンピックサイクルで改正されますが、近年はほぼ毎年、何らかの小さな変更が行われています。

　2017年ルールでは、「10点満点でそれ以上の価値点は切り捨て」だった難度点（D得点）が、2018年から上限なしになり、世界のトップ選手たちのD得点は青天井になってきています。その流れについていくためには、「AD」（手具難度）をいかに詰め込むかという勝負になっており、サーカス化しているという声も根強くあります。東京五輪後のルール改正ではなんらかの方法でより芸術性が評価されるようになるという情報もありますが、ここ数年で飛躍的に進化した選手たちの手具操作能力を後退させることは避けたいという意見も出ています。

　たしかにここ2年ほど、いささか手具操作に偏向しているようには感じます。ただ、そのおかげで新体操がかつてなくスポーツらしくなっていることは歓迎すべきことだと思います。身長が高いとか、人並みはずれた柔軟性があるわけでなくても努力を重ねれば、できるようになる手具操作の巧拙や難易度が大きく勝敗に関わるようになってから、新体操はスポーツらしい面白さが増したのは事実です。

　現場の選手や指導者も、どうすればもっと点数を上げられるのかが明快にわかるのでやり甲斐もあり、採点にも納得しやすくなっているようです。そう考えると、いくらルール改正があっても、いきなり手具操作の価値が極端に下がるとは思えません。

　であれば、逆説的なようですが、より大事になってくるのが「体の基礎能力」だと思います。難しい手具操作を数多くやらなければ勝負できない、だから体はどうでもいいわけではありません。次のルール改正で芸術性の比重が上がるとしたら、なおさら難しい手具操作をしながら、美しくかつ表現力豊かに踊れるという聖徳太子的な能力が求められます。

　ここ数年は、手具操作に追いつくためにやや粗い動きの選手が増えてきたように感じていましたが、次のルールではそれでは手具難度で稼いだ得点を吐き出すことになってしまうかもしれません。新体操はルールがよく変わる競技者泣かせのスポーツです。が、どんなルールになったとしても、「自分でコントロールできる美しい体」は新体操の大前提なのです。

本書の使い方

この章のめざす
ところ

この項目において
意識すること、
心がけたいこと

項目の概要を説明

より上達するためのヒント

←各章の冒頭で各項目の基本的な
トレーニングメニューを紹介。
(ポイント1、6、10、11、12、16、
20、28、33)

↓その他のページでは、トレーニングメニューの
中のポイントになる動きを詳しく解説。

このポイントで
扱っている内容

やり方や意識すべきこと

できないときはここを
チェック!

ありがちなミスなど
注意すべきこと

側筋トレーニング

1. 側方脚上げ

①体の側面を床につけて寝そべり、上にある脚を45度くらいまで上げる。

②下にある脚を、上げている脚に寄せていき両脚を揃えて浮かした形でキープする。

Check1 お尻が引けたりせず、体はまっすぐになっているか。
Check2 脚を上げるときも体の上体はしっかり床についているか。
Check3 つま先や膝を伸ばして美しく行えているか。

2. 上体起こし

①体の側面を床につけて寝そべり、膝から下は床につけたまま上体を持ち上げる。

②上体は起こしたまま、両脚揃えて床から浮かせてキープする。

Check1 お尻が引けたりせず、体はまっすぐになっているか。
Check2 上体を上げるときに体がねじれていないか。
Check3 つま先や膝、胸を伸ばして美しく行えているか。

3. 上体倒し

①左右開脚をし、背中を引き上げ、手を脚の後ろで組む。

②体を引き上げながら、肘が床につくくらい体を大きく側方に倒す。左右とも行う。

NG!
体がまっすぐに倒れずやや後ろにずれている。

Check1 上体の片側はしっかり締め、反対側は十分に伸ばせているか。
Check2 上体はねじらず開脚した脚の真上に向かって倒せているか。
Check3 つま先、膝は伸ばせて美しく行えているか。

+1 身体難度やプレアクロバットをしながらの手具操作では、わずかな狂いで手具が予定とは違う動きをしてしまうことがある。あっさり落下してしまうか、少し体勢に乱れはあっても持ちこたえられるかは、筋力によって差がつく部分だ。とくに側筋の役割は大きいのでトレーニングしておこう。

27

目 次

Part 1

新体操の美しさの源・柔軟性を身につける

今の新体操では、
一時期ほど極端な柔軟性は求められなくなっている。
それでもしなやかで柔らかい動きを実現するためには
柔軟性は不可欠だ。
無理のないトレーニングを続けて柔軟性をアップしよう！

これが基本！柔軟トレーニングベーシックメニュー

ポイント 1

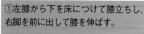
①左膝から下を床につけて膝立ちし、右脚を前に出して膝を伸ばす。

②左脚を後ろに伸ばし、右膝が右足首の真上にくるように膝を曲げる。

③左足首を右手で持ち、自重をかけて股関節をしっかり開く。

④骨盤をまっすぐにして脚を前後に伸ばす。①〜④を左右行う。

⑤骨盤をまっすぐに起こして脚を左右に開く。

⑥左右開脚したまま上体を横に倒す。左右とも行う。

⑦左右開脚したまま上体を床につくまで前に倒す。

⑧両脚を揃えて膝立ちになり、腰を上げ胸を床につける。

⑨床に寝そべり、両腕を伸ばして腰から上を持ち上げる。

⑩床に仰向けに寝そべり腰を持ち上げてブリッジの体勢をとる。

⑪お尻と脚の間にボールを挟み、自重をかけて甲を伸ばす。

⑫右脚の足首に左膝をのせて甲を伸ばす。

⑬足首を回し、足の指を1本ずつ前後に動かしほぐすように開く。

⑭膝の下にタオルを敷きつま先まで力を抜いて膝裏を床にトントンする。

⑮長座になり両手で膝を脇から押さえ、つま先が床につくように伸ばす。

　「新体操といえば柔軟！」そういうイメージをもっている人が多いと思う。新体操をやっている人の中には、「痛くて泣きながら柔軟をした」という経験者も少なくないだろう。しかし、じつは現在のルールでは、ひと昔前ほど柔軟性は要求されていない。もちろん、柔軟性に秀でていれば有利な面はあるが、そうではなくても勝負できるのが現在のルールのありがたいところだ。

　柔軟性はもちろん必要ではあるが、あまり無理はせず、自分なりのペースで少しずつ正しいトレーニングをしていこう。

ここがポイント！

　新体操を始めたばかりの頃は、生まれつき体が柔らかい人とそうではない人の差はかなり大きい。そのため、硬い場合は劣等感をもつことが多いと思うが、そんな必要はない。開脚でいえば180度。時間をかければそこまではたいていの人が開くようになる。驚くほどの柔軟性はなくても新体操はできる。必要十分な柔軟性をめざそう！

200度以上の開脚や頭とお尻がぺたんとつくなど、少し前には「軟体競争」のような新体操だった時期もあったが、今はそうではない。だからこそ、骨盤をずらさない正しい開脚や正しい反り方、美しい脚のラインをつくる科学的なトレーニングなど、故障の原因にならないやり方を身につけよう。

バランスにも ジャンプにも必須の 開脚度をアップ！

脚が高く真上にピンと上がったバランスは、新体操のシンボルのようなもの。バランスにももちろん柔軟性は必須だが、現在のルールは開脚度に関しては比較的要求が緩やかになっている。ひと昔前は「180度以上の開脚がないと180度開脚していたとは認められない」とまことしやかに言われていたが、現在は、180度で十分だ。

採点上は、180度の開脚にやや不足があってもバランスの難度は「有効」とする許容がある。やみくもに開脚度を求めるのではなく、内股にならない、膝が曲がっていない、つま先までしっかり伸ばす、という基本を重視してトレーニングしよう。

ここがポイント！

つま先や膝が伸びているかは、初心者や年少者でも比較的わかりやすい。が、骨盤の歪みは自分では気づきにくい。180度ペタンと開脚したい一心で骨盤をずらして開脚してしまわないように気をつけよう。

1. 前後開脚

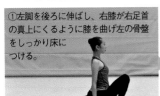

①左脚を後ろに伸ばし、右膝が右足首の真上にくるように膝を曲げ左の骨盤をしっかり床につける。

②右膝を伸ばし右脚を前に伸ばす。両腕で支えて少しずつ右脚全体を床につけていく。①〜②を反対側も行う。

NG!

後脚の膝が曲がり、骨盤もずれている。この形で床につけても意味がない。

Check1 骨盤がずれておへそが横を向いていないか。
Check2 つま先、膝を伸ばした美しい開脚ができているか。
Check3 左右のお尻のどちらかが床から浮かず、均等に床についているか。

2. 左右開脚

骨盤をまっすぐに立てて、両脚を左右に開く。180度開かない場合は無理せず開ける角度で行う。

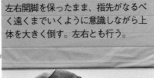

左右開脚を保ったまま、指先がなるべく遠くまでいくように意識しながら上体を大きく倒す。左右とも行う。

NG!

左右開脚で膝が前に倒れ、内股になっている。

Check1 膝が前に倒れていないか。
Check2 つま先、膝を伸ばした美しい開脚ができているか。
Check3 倒した上体は前に倒れず、開脚した脚の上にちゃんとのっているか。

3. やや負荷をかけた開脚

①前に出した脚の下にマットを敷いての前後開脚。左右とも行う。

②片方の脚の下にマットを敷いての左右開脚。左右とも行う。

Check1 前後開脚で骨盤がずれておへそが横を向いていないか。
Check2 左右開脚で膝が前に倒れていないか。
Check3 つま先、膝を伸ばした美しい開脚ができているか。

開脚度をアップすることよりも、まずは骨盤をずらさない正しい開脚を身につけることは変な癖をつけないためにも重要だ。無理のある180度開脚を体が覚えてしまうと、立ち方が歪んだり、内股になってしまいがちだ。正しい基礎がなければ、より高い技術を習得することはできない。

ポイント **3**

無理なく継続的なトレーニングで腰を柔らかく

新体操選手の腰の柔軟性は、体操競技やフィギュアスケート、バレエ、ダンスなどと比べても特徴的なものだろう。頭とお尻がくっつくくらい体を大きく深く後ろに反らす動きはほぼ新体操でしか見られない。本来、人間の体の胸腰部を後屈させた場合は0〜30度くらいの可動域だと言われているが、新体操では90度以上の後屈ができる選手も珍しくない。

しかし、本来0〜30の可動域のところ、90度以上の後屈をやり続けていれば、やはり体にはかなりの無理がくる。選手生活が長くなってくると腰に故障を抱える選手が多く、現在は、一時期に比べると極端な後屈は求められなくなった。胴の後屈を伴うジャンプなどは頭がお尻に完全にはついていなくても有効とルールブックにも定められているので、無理をしない範囲で腰の柔軟性は高めるようにしたい。

ここがポイント！

腰の柔らかさを競うような傾向があった2000〜2010年あたりは、多くの人からは「新体操は軟体ショーみたい」などと言われていた。柔軟性はtoo muchでなくていい。身体難度が美しく見えるだけの柔軟性を身につけることが重要なのだ。

1.ねこのポーズ

両脚を揃えて膝立ちになり、前屈しながら
胸を反らし、胸から上の部分を床につける。

補助をするとき
は、肩のあたりを
軽く押し、背中や
腰を強く押さない
こと！

NG!

Check1 胸をしっかり反らせ、肩から胸まで床についているか。
Check2 前に伸ばした腕が肩幅より開いていないか。
Check3 お尻の位置は、床につけた膝の真上にきているか。

2.後ろ反り

①床にうつ伏せになって寝そべり、補
助をする人が両腕を持つ。

②補助する人は、
寝ている人の腰の
あたりまで下がり
ながら上体を持ち
上げる。

腕を引っ張りすぎて無理
な後屈になっている。

NG!

Check1 腕が肩幅よりも開いていないか。
Check2 上体を引き上げるとき、背骨を意識しているか。
Check3 上体を引き上げたとき、脚が床から浮いていないか。

3.ブリッジ

①初心者は寝そべった状態から手足で
床を押しブリッジの形をつくる。慣れ
てきたら立った状態からブリッジにする。

②ブリッジの形から膝を伸ばし、なる
べく肩のほうに重心がのせるようにする。

手と足の位置が離
れすぎ、体に締ま
りがない。

NG!

Check1 腕を肩幅より開きすぎていないか。
Check2 手と足をつく位置をなるべく近づけているか。
Check3 腹筋、背筋が使えずお腹が落ちていないか。

柔軟では補助をしてもらうこともあると思うが、補助はあくまでサポートであり、補助によって過剰
に力を加えてしまうと故障の原因になるので気をつけたい。とくに腰の柔軟に関しては無理に押すよ
うなことはせず、自重をかけることによって少しずつ可動域を広げていくようにしよう。

ポイント4 減点されない 実施のために 脚のラインをつくる！

新体操においては、「脚のライン」はかなり大きな評価のポイントになる。身体難度の場合は、一つひとつの技に対して価値点が 0.1 刻みに決まっているが、「脚のライン」は身体難度ではない。そのため、脚のラインが美しいからといって加点されることはないが、美しくない場合は、演技中の様々な場面で減点されることになる。たとえ 0.1 の減点であっても積み重なれば大きい。

ハイレベルな身体難度を一つマスターして演技に取り入れてもせいぜい 0.4 〜 0.6 だが、脚のラインが美しくないことによる減点を防ぐことができれば、実施の減点を大きく減らすことができ、全体の得点アップにつながる。ただし、つま先や膝を伸ばすことは単に演技中に意識しているだけでできるものではない。意識しなくても美しいラインが出せるまで地道にトレーニングを続けていくしかないのだ。

ここがポイント！

つま先や甲を伸ばすためには、足先の柔軟性を上げなければならない。が、柔らかいだけでは、美しいラインを保持することができないので柔軟性と共に筋力をつけることも必要となる。

1. 甲のばし

①両脚を揃えて甲を床につけ、太もも と足首の間にボールをはさんでしゃが む。

②右足の甲を床につけ、右足首に左脚 の膝をのせて押す。左右とも行う。

NG!

指先だけを強 く折り曲げて 強く押しつけ すぎている。

Check1 腕でしっかり体を支え、甲に体重をかけすぎないようにしているか。

Check2 甲を伸ばすのでなく、つま先を折り曲げてはいないか。

Check3 甲を伸ばすとき、内股になっていないか。

2. 指分け、足首回し

NG!

①左右すべての指と指の間を広げる⇒ 指を1本ずつ前後に大きく動かす。

②足の指と手の指を組み合わせ、足首を ぐるぐる回す。左右とも行う。

膝が後ろに入りすぎてい る。

膝が緩んで、前に出て いる。

Check1 足の裏までほぐれて柔らかくなっているか。

Check2 足首の動きがスムーズになっているか。

Check3 足の指が1本ずつ動かせるようになっているか。

3. 膝裏トントン　　## 4. つま先強化

長座になり、膝の下にタオルを入れて 脚の力を抜いて膝裏をタオルに軽く打 ちつける。

つま先にチューブをかけて引っ張りな がら、つま先を伸ばす。左右とも行う。

NG!

膝に上から圧をかける膝入れは故 障の原因になる。

Check1 膝裏トントンで膝裏の張りはほぐれたか。

Check2 膝裏をほぐした後、膝は伸びるようになったか。

Check3 チューブで負荷をかけてもつま先は伸ばせているか。

 つま先や膝を伸ばすためには、外から力を加えるよりもまずは筋肉をほぐして伸びやすくすることが 重要だ。指分けや足首回しだけでなく、甲や足の裏を指で押してほぐすなども効果的なので試してみ よう。

ワンランク上の柔軟性を手に入れる！

　現在のルール（2018年以降）では、手具難度を数多く入れることで点数を稼げるようになったため、極端な柔軟性を求めるよりは、手具の技術を上げることのほうに重点が置かれるようなってきた。柔軟で無理をして故障するリスクが減るという点では喜ばしい傾向ではある。

　しかし、その変化の結果、ひと昔前に比べると素晴らしい柔軟性を見せられる選手は減ってきた。手具難度に忙しい演技が増えたせいもあり、つま先の美しさもやや退化気味のように感じている。

　それだけに、ワンランク上の柔軟性を身につけることができれば、同じ身体難度を行っても他の選手とは違う、とアピールできることは間違いない。無理しないことは大前提で、自分の体と相談しながら意欲をもって挑戦してみよう。

ここがポイント！

　より高い柔軟性が必要な身体難度を演技に取り入れる場合は、美しい形で難度を実施できるようになっているかを見極めよう。不正確な形での身体難度は減点されたり、演技の印象を悪くする場合もある。

1.いすを使った開脚

①前の脚をいすにのせて前後開脚し10秒静止する。左右とも行う。

②片脚をいすにのせて左右開脚し10秒静止する。左右とも行う。

③後の脚をいすにのせて前後開脚し10秒静止する。左右とも行う。

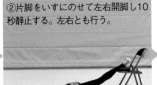

Check1 前後開脚で骨盤が曲がり、おへそが横を向いていないか。
Check2 左右開脚で膝が前に倒れていないか。
Check3 つま先、膝が伸びた美しい開脚になっているか。

2.肩柔軟

①腕が外に逃げないように補助しながら、まっすぐ上に上げる。

②無理せずにゆっくりと肩を回し、腕を真後ろに回すよう補助する。

③後に回した腕をゆっくり下まで回すよう補助する。

NG!
補助者が無理な力を加える肩柔軟はしない。

Check1 腕が外に逃げた状態で回そうとしていないか。
Check2 腕だけを回そうとせず肩から大きく回せているか。
Check3 腕を後ろに回すときなるべくまっすぐな軌道で回せているか。

3.股関節を開く

①左右開脚をして、お腹、胸と床につけながら上体を前に倒す。

②上体を起こし、膝の位置を変えずに左右に開いた脚を90度に曲げる。

Check1 骨盤が左右均等に床についているか。
Check2 左右開脚で上体を前に倒したとき膝も前に倒れていないか。
Check3 曲げた脚はしっかり90度を保てているか。

 肩の柔軟性は、股関節や腰の柔軟性ほど目立たないが、肩が硬いと動き全般が硬く見えたり、姿勢減点をとられることもある。また手具操作でも背面キャッチや転がしなど、肩が柔らかくないと難しいものあるので、極端な柔らかさを求める必要はないが、肩の柔軟も怠らないようにしよう。

ママも夢中になる「新体操の魅力」

　近年は、小学生や未就学児の頃から新体操を始める子どもが多く、練習に通うのに親の送迎が必須になっている。まだ練習時間の短い年齢だと練習をずっと見学される親御さんも少なくないし、お迎えに早めにきて練習を見ている親御さんもいる。そのせいだろうか、新体操をやっている子どものお母さんのほうが「新体操に夢中」になる例は、多いように思う。

　子どもがやっているスポーツを親も好きになってくれれば、協力も得やすいし、親子での共通の話題も増える。決して悪いことではないはずなのだが、そこには落とし穴もある。親が熱心になりすぎてしまうと、子どもに対する要求が高くなりがちなのだ。トップレベルの大会なども観戦するようになると、我が子との差も見えてしまい、「もっと頑張らないと！」と子どもを追いたてることにもなりがちだ。

　新体操に夢中になり、我が子を熱く応援する親は、本来なら最高のサポーターのはずだ。それが弊害になってしまうのは、親が子どもを「他と比べてしまう」からだ。新体操は続けて頑張っていれば、どの子も必ず上達する。親こそは、人と比較するのではなく、我が子の上達を認めるようにしたい。とくに新体操というスポーツそのものが好きになってしまった親御さんなら、たくさんの名選手を見ているはずで、成長や上達の仕方は様々だということもわかっているはずだ。「大好きな新体操を我が子がやっていること」は新体操好きな親にとっては最高のプレゼントなのだから、その幸せを思い切り感じ、楽しみながら支え、応援したいものだ。

Part 2

地道に続けて筋力をアップ！

「スタイルがいい」「体が柔らかい」
そんな資質をもった子は「新体操向き」と言われがちだ。
たしかにそれはアドバンテージではある。
が、それを生かすためには筋力が絶対的に必要なのだ。
筋力なくして上達なし。トレーニングあるのみ、だ。

まずここから始めよう！筋力トレーニング ベーシックメニュー

ポイント **6**

①腹筋を使い、体をV字に保ちながら体を左右にひねる。

②V字のまま両脚を床から浮かし、脚の上下を入れ替える。

③床に寝そべり、背筋を使って上体を持ち上げキープする。

④床に寝そべり胸から上を起こしてキープし、脚を浮かしてバタ足する。

⑤床にうつぶせになった状態から、上体と両脚を同時に引き上げる。

⑥床に寝そべり胸から上を起こしてキープし、脚を浮かし脚の上下を入れ替える。

⑦体の側面を床につけて寝そべり、上にきている脚を上げてキープする。

⑧下になっている脚を上げているほうの脚に寄せるように持ち上げる。

⑨両脚を下し体の側面で上になっているほうを縮め、上体を浮かす。

⑩左右開脚をして頭の後で手を組む。

⑪体の側面の片方を縮め、反対側を思い切り伸ばす。左右行う。

⑫肘を立てて、体をまっすぐにして床から浮かした伏臥の姿勢をキープする。

⑬右膝で立ち、右腕を前に左脚を後ろに伸ばす。左右とも行う。

⑭重ねた両脚と片手を床につき、もう片方の腕を上に上げ体を斜めに支える。

⑮上に重ねていた脚を浮かせてキープする。左右とも行う。

　生まれつき柔軟性に恵まれていて、なんのトレーニングもしていなくても開脚がぺたりとつくような子どもが時々いる。もちろん、柔軟性に恵まれていることは新体操にとっては有利には違いない。が、柔軟性に恵まれている場合はなおさらのこと、必要な筋力をつけることが重要になってくる。

　軽々と脚を真上に上げることができても筋力がなければキープできないし、頭がお尻につくくらい後屈できるとしても、柔軟性頼みで折れ曲がるような後屈をしていると故障もしやすい。柔軟性と並行して筋力もつけることが上達のためには必須だ。

ここが ポイント！

　現在の新体操は手具操作が多彩で複雑になっている。そうなるとますます体をコントロールする能力が必要となるため、筋力はより重要になってくる。細長く美しく筋力がつくように、負荷をかけすぎないトレーニングを地道に続けよう。

トレーニングをしても筋力がつきやすい人、つきにくい人がいる。つきにくい人はなかなか効果が現れず焦ることもあると思うが、効果が出るまでには最低でも3か月はかかると覚悟してじっくり取り組もう。筋力がつきやすい人には、動きが硬く見えるなどの苦労もある。人それぞれ、なのだ。

ポイント7 自在に動く体をつくる基本！腹筋・背筋を鍛えよう

「筋トレ」というと、強い負荷をかけたり回数を数多くこなすことで「筋肉を鍛える」というイメージがあると思うが、近年は「鍛える」というよりも「整える」という考え方が主流になってきている。体の様々な部位に大きな負担がかかる新体操という競技では、使う筋肉の部位に偏りが出ることが多いため、筋力の不均衡や関節の動きの低下を招くことがある。それを解消するためには、ハードな筋トレよりもコンディショニングを重視する指導者も増えてきている。

その流れから筋力トレーニングも、負荷を大きくせず比較的静的なものを取り入れるようになってきている。初心者でも取り組みやすいものが多いと思うので、余計な部分に力が入ったり痛みを感じるような無理をせず、少しずつ体をコントロールする力としての筋力をつけていくように心がけよう。

ここがポイント！

現在の筋力トレーニングでは、使いきれていない筋肉を使えるようにすることが重要視されている。どの筋肉を動かすためのトレーニングなのかを意識して、正しいフォームで行うようにしよう。

1 腹筋

①軽く膝を曲げ、おへその下が硬くなるのを意識して上半身を後ろに倒し、30秒キープする。

②①の姿勢を保ったまま、上体を左右にひねる。

③ゆるいＶ字バランスの形になり、そこから両脚と上体を4回引きつける。

Check1 ①～③まで常に力が入っているのはおへその下あたりになっているか。

Check2 肩が上がったり、背中が丸まったりしていないか。

Check3 太ももの前側に力が入っていないか。

2 背筋

①床上にうつぶせになり、両腕を伸ばした形で上体を持ち上げてキープ。

②上体を持ち上げ脚を左右交互に膝から曲げ、体は脚を曲げてないほうにひねる。

③上体を持ち上げキープしながら、両脚でバタ足する。

Check1 上体を腰から後ろに折り曲げるのではなく、上に引き上がった形になっているか。

Check2 つま先、膝を伸ばして行えているか。

Check3 上体ひねりやバタ足を上体の高さを変えずに行えているか。

床にうつぶせの状態から上体と両脚を一気に持ち上げる。

床に体がつきすぎている。上体はおへそより上まで上げる。**NG!**

Check1 腕はまっすぐに伸ばして行っているか。

Check2 上体はおへそより上までしっかり引き上がっているか。

Check3 脚も付け根からすべて床から浮かせているか。

 身体難度やプレアクロバットなどを行いながら、同時に手具を操作するためには、体をしっかりとコントロールし形を保たなければならない。上体を反らしてキープした姿勢では手具の操作を行うことが多いので、背筋は重要となる。腰痛防止のためにもしっかりトレーニングしておこう。

新体操では
意外に重要！
側筋を鍛えよう

　側筋は、腹筋や背筋に比べると重要性がイメージしにくいと思うが、新体操では体を側方に倒す動きは、アイソレーション（⇒ポイント 16 ～ 19 参照）などでも多用しており、女性らしいなめらかさを表現するためには、体を左右に大きく深く動かせることは必須となっている。

　また、側方へ脚を上げてのバランスはバランスの中でもはもっとも一般的なため、この形をスムーズにつくり、さらには手具操作の間キープするためにも側筋は重要な筋肉なのだ。

　ただし、このトレーニングは、正確に体の側方の筋肉を使って行うことが案外難しく、ねじれた形のままトレーニングすると腹筋にしか効いていないということになりかねない。体や脚を浮かす動きが多いが、浮かせる高さはあまり求めず、体をまっすぐにして側方の筋肉をしっかりと使うことを意識して行おう。

ここがポイント！

　片脚を高く上げたバランスのまま上体を真横に倒す「エカルテ」という身体難度は、ルルベで行うと価値点は 0.5 である。これは側筋が非常にものをいう難度と言える。側筋が得意ならぜひ挑戦してみよう。

1. 側方脚上げ

①体の側面を床につけて寝そべり、上にある脚を45度くらいまで上げる。

②下にある脚を、上げている脚に寄せていき両脚を揃えて浮かした形でキープする。

Check 1 お尻が引けたりせず、体はまっすぐになっているか。
Check 2 脚を上げるときも体の上体はしっかり床についているか。
Check 3 つま先や膝を伸ばして美しく行えているか。

2. 上体起こし

①体の側面を床につけて寝そべり、腰から下は床につけたまま上体を持ち上げる。

②上体は起こしたまま、両脚揃えて床から浮かせてキープする。

Check 1 お尻が引けたりせず、体はまっすぐになっているか。
Check 2 上体を上げるときに体がねじれていないか。
Check 3 つま先や膝、腕を伸ばして美しく行えているか。

3. 上体倒し

①左右開脚をし、背中を引き上げ、手を頭の後で組む。

②体を引き上げながら、肘が床につくくらい体を大きく側方に倒す。左右とも行う。

体がまっすぐに倒れずやや後ろにずれている。

NG!

Check 1 上体の片側はしっかり縮め、反対側は十分に伸ばせているか。
Check 2 上体はねじらず開脚した脚の真上に向かって倒せているか。
Check 3 つま先、膝は伸ばして美しく行えているか。

身体難度やプレアクロバットをしながらの手具操作では、わずかな狂いで手具が予定とは違う動きをしてしまうことがある。あっさり落下してしまうか、少し体勢に乱れはあっても持ちこたえられるかは、筋力によって差がつく部分だ。とくに側筋の役割は大きいのでトレーニングしておこう。

ポイント
9

演技のレベルアップと
怪我しない体づくりに
体幹を鍛えよう！

　新体操の身体難度の中で、大きく点数を稼げるのがローテーションだ。同じ難度でも回転数が増えればそれだけ高い得点になり、パンシェや MG など難しい形でのローテーションなら少ない回転数であっても高い得点になる。

　しかし、ローテーションはしっかり回り切れなければ得点にはならない。では、どうすれば途中で倒れたり、回転が止まったりせずに回れるようになるかというと、「軸がしっかりしていること」が必要となる。

　この「軸」を安定させるために、必須となるのが体幹（インナーマッスル）なのだ。また、現在の複雑化した手具操作を行うために必要なコーディネーション能力を伸ばすためにも体幹のトレーニングは重要だ。

ここが ポイント！

　筋力トレーニングといっても「体幹（インナーマッスル）」は鍛えても筋肉もりもりのマッチョな体になることはないので、線の美しさが重要な新体操選手にとっては一番頼りになる、鍛えがいのある筋肉だ。負荷をかけすぎず継続的にできるトレーニングに取り組もう。

1.伏臥腕立て

①膝を床についた腕立て伏せの体勢になる。

②膝を伸ばし、体がまっすぐ一本になる姿勢を保つ。

お腹が落ちてしまって床につきそうなのはNG！

NG!

Check1 頭からかかとまでが一直線になっているか。
Check2 腰やお尻が床に近づいていないか。
Check3 背中が丸まっていないか。

2.膝立ちバランス

①左手を床につき、左膝を立てて右脚を体に引き付ける。

②右脚を後ろに、左手を前に伸ばした体制を保つ。

腰が反ってしまい、体が弓なりになるのはNG！

NG!

Check1 腰が反っていないか。
Check2 腕はまっすぐ前に伸ばせているか。
Check3 脚は床と並行に膝を伸ばして上げているか。

3.スケール

片手を床につき、もう片方の腕を天井に向かって伸ばし、両脚は揃え体を斜めにした状態で保つ。

上にきている脚が前に落ち、体がねじれるのはNG！

NG!

椅子やマットなどを使って、より角度をつけてみる！

LEVEL UP!

Check1 両脚をしっかり揃えているか。
Check2 上に挙げた腕の肘は伸びているか。
Check3 肩からつま先まで一直線になっているか。

インナーマッスルは、いわば縁の下の力持ち。軸をしっかりとることが得意な選手、手具操作が器用で連続性のある操作ができる選手などは、みんなインナーマッスルがしっかりしている。よりレベルの高い演技に挑戦したければまずインナーマッスルを鍛えよう！

照れ屋さんは、「真似っこ」から始めよう

　新体操では表現力が求められるが、新体操に興味をもって始める子すべてが表現に興味があったり、そういったセンスがあるわけではない。中には、お姉さんたちがフープをくるくる回しているのが凄い！　面白そうと思って新体操を始める子もいるし、側転などのプレアクロバットをすいすいできるお友だちが新体操をやっていると聞いて体験にきたという子もいる。

　手具操作や、アクロバティックな技にあこがれるようなタイプの子どもは、かわいらしい曲だからにこにこ笑顔、悲しい曲だから重々しい表情でといった「表現」に馴染みにくい場合がある。曲の雰囲気やストーリーよりも、自分自身の「よーし、頑張るぞ！」「失敗しないでうまくやりたいな」という意気込みや真剣さが表情に出てしまうのだ。そういう選手もいていいと思うし、それも魅力だとは思う。

　しかし、新体操で求められる「表現」だったり「芸術」となると、ときには減点対象にもなりかねない。やはり、曲調を生かして「演じる」という部分が新体操には必要なのだ。曲に合わせて表情をつくるような「表現」が苦手な子はたいていが照れ屋さんだったりする。一度、表現に苦手意識をもってしまうと余計やりにくくなってしまう子も多い。

　まずは、誰かの真似をしてみるのはどうだろうか。できれば表現力が豊かで上手な選手がいい。YouTubeなどで海外の選手の演技を見て、みんなでメダリストの演技を真似してみる、そんな遊び心のある練習の中で、ものまねでいいから思い切り表現をする経験をしてみる中で、自分にもできるかもという自信もついてくるに違いない。いったん自信がつけば次は、自分なりの表現を工夫してみようという気持ちにもなる。はじめから表現巧者な子はごく稀だ。子ども達にはまず表現することの楽しさを知ってほしいと思う。

Part 3

毎日の習慣にしたい！バーレッスン

20年前は、ごく一部の強豪クラブだけがやっていたバーレッスン。
今では、ほとんどのクラブがなんらかの形で取り入れている。
バレエは、日本の新体操のレベルをおおいに引き上げてくれた。
美しく、正しい新体操への近道かつ王道、それがバレエであり
毎日コツコツと続けるバーレッスンだ。

ポイント 10 基本の バーレッスンメニュー <Part1>

①1番ポジション（⇒ポイント13参照）で立ち、腕は横に。

②柔らかく腕を下ろしながら、ドゥミプリエ。

③いったん立位に戻してからグランプリエ。

④立位に戻して、体を引き上げる。

⑤腕を柔らかく使いながら上体を前に倒す。

⑥いったん体を起こしてから引っ張るように後ろに反る。

⑦上体を元に戻す。

⑧脚を開いて2番ポジション（⇒ポイント13参照）にする。

⑨ドゥミプリエ⇒グランプリエ

⑩立位に戻して、腕を遠くに伸ばす。

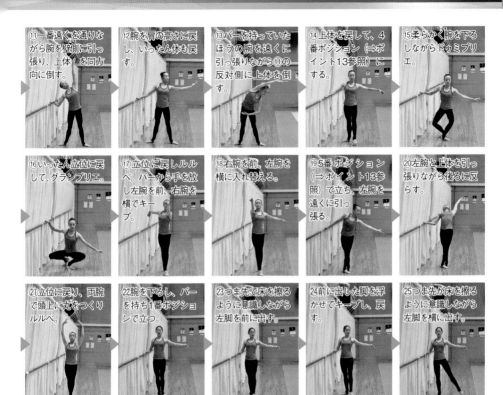

⑪一番遠くを通りながら腕を壁側に引っ張り、上体を同方向に倒す。

⑫腕を肩の高さに戻し、いったん体も戻し。

⑬バーを持っていたほうの腕を遠くに引っ張りながら⑪の反対側に上体を倒す。

⑭上体を戻して、4番ポジション（⇒ポイント13参照）にする。

⑮柔らか腕を下ろしながらドゥミプリエ。

⑯いったん立位に戻して、グランプリエ。

⑰立位に戻しルルベ。バーから手を放し左腕を前、右腕を横でキープ。

⑱右腕を前、左腕を横に入れ替える。

⑲5番ポジション（⇒ポイント13参照）で立ち、左腕を遠くに引っ張る。

⑳左腕と上体を引っ張りながら後ろに反らす。

㉑立位に戻り、両腕で頭上に丸をつくりルルベ。

㉒腕を下ろし、バーを持ち1番ポジションで立つ。

㉓つま先で床を擦るように意識しながら左脚を前に出す。

㉔前に出した脚を浮かせてキープし、戻す。

㉕つま先が床を擦るように意識しながら左脚を横に出す。

　バレエより先に新体操を始め、脚を高く上げたり、180度以上の開脚ができるようになっている子どもにとっては、バーレッスンは退屈だろう。新体操の練習をしている子どもにはバーレッスンでできない形はないからだ。しかし、新体操よりもずっと歴史のあるバレエのレッスン法に真剣に取り組めば多くの気づきがあるはずだ。新体操でも求められる「ターンアウト（外旋）」をバーレッスンは無理のないように論理的、科学的に徐々に身につけられるよう考えられている。しっかり頭を使いながら、体の隅々にまで神経を行き届かせ、正しいターンアウトを体に叩きこもう。

ここがポイント！

　グランプリエが休憩になってしまっていないだろうか。立位から低い位置までしっかり姿勢を保ったままでいられずグランプリエの形にしゃがみこんでしまう人は案外多いのだ。休憩になるくらいならグランプリエは抜いて行うようにしよう。

 ㉑～㉕の動きは「タンジュ・アテール」と呼ばれ、つま先を伸ばし、キープするための力や、脚全体のターンアウトを身につけるために行なうものだ。機械的に脚を前、横に出すのではなくつま先で床を擦るように、前に出すときはかかとから出すなど、ポイントを押さえて練習しよう。

基本の
バーレッスンメニュー
<Part2>

①タンジュで横に出した脚を浮かせてキープ。

②浮かしていた脚を戻し軸足の後に入れる。

③つま先で床を擦りながら、脚を後ろに出す。

④後ろに出した脚を浮かせてキープ。

⑤脚を下ろし軸足の後に戻す。

⑥左脚を横に出して浮かせてキープし、軸足の前に戻す。

⑦つま先で床を擦るように意識しながら左脚を前に出す。

⑧⑦からつま先で円を描くように左脚を横にもってくる。

⑨⑧からつま先で円を描くように左脚を後ろまでもってくる。

⑩左脚を1番ポジションに戻す。

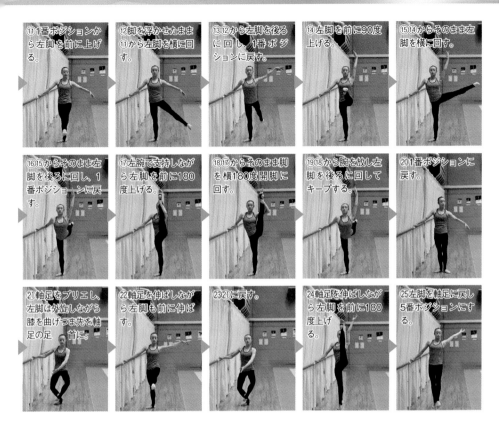

⑪1番ポジションから左脚を前に上げる。

⑫脚を浮かせたまま⑪から左脚を横に回す。

⑬⑫から左脚を後ろに回し、1番ポジションに戻す。

⑭左脚を前に90度上げる。

⑮⑭からそのまま左脚を横に回す。

⑯⑮からそのまま左脚を後ろに回し、1番ポジションに戻す。

⑰左腕で支持しながら左脚を前に180度上げる。

⑱⑰からそのまま脚を横180度開脚に回す。

⑲⑱から腕を放し左脚を後ろに回してキープする。

⑳1番ポジションに戻す。

㉑軸足をプリエし、左脚は外旋しながら膝を曲げつま先を軸足の足首に。

㉒軸足を伸ばしながら左脚も前に伸ばす。

㉓㉑に戻す。

㉔軸足を伸ばしながら左脚を前に180度上げる。

㉕左脚を軸足に戻し5番ポジションにする。

　ここで取り上げた一連の動きは、ほとんど同じことを繰り返しているように見える。前、横、後ろという方向の違い、つま先が床についている、浮いている、高く上げているという高さの違いがあるだけだ。これは、股関節から外旋した正しい動かし方を無理なくできるようにするためだ。ターンアウトを意識しながら行おう。

ここがポイント！

　㉑～㉕の動きでは、脚を上げる前に一度プリエとアチチュードを経過するため、しっかり股関節を開いた形で脚を上げるトレーニングになる。プリエから脚を伸ばす一連の動きでの股関節を意識しよう。

 脚を前、横、後ろに出す動きを繰り返す中で、一番難しく感じるのはどれだろうか。おそらく後ろではないかと思う。じつは本来の人間の関節の可動域は、前には60度あるが後ろは15度しかないのだ。骨盤をまっすぐ起こしたままで後ろに脚を出すのはかなり難しいことなのだ。

基本の
バーレッスンメニュー
<Part3>

①左脚をプリエし、右膝を曲げる。

②右膝を伸ばして床に足を突き刺すように立ち、左脚を横に出す。

③軸足をプリエし、左脚をアチチュードする。

④軸足を伸ばしながら左脚を後ろに出す。

⑤軸足をプリエし、左脚をアチチュードに戻す。

⑥軸足を伸ばしながら左脚を90度の高さで後ろに上げる。

⑦上げた左脚を軸足の後に戻してプリエ、右膝を曲げる。

⑧右膝を伸ばして床に足を突き刺すように立ち、左脚を横に出す。

⑨②の形を通りながら脚を180度近くまで上げてキープ。

⑩⑨から軸足、上げた脚とも膝を曲げキープする。

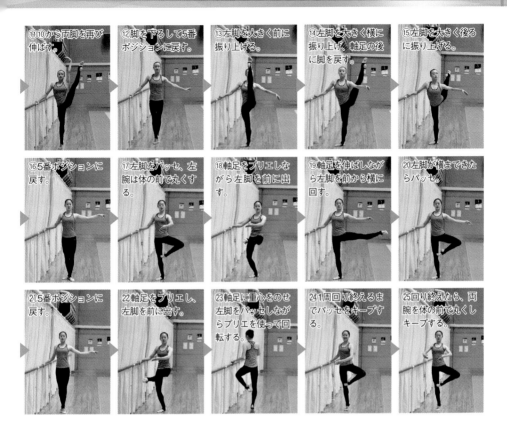

⑪10から両脚を再び伸ばす。

⑫脚を下ろして5番ポジションに戻す。

⑬左脚を大きく前に振り上げる。

⑭左脚を大きく横に振り上げ、軸足の後に脚を戻す。

⑮左脚を大きく後ろに振り上げる。

⑯5番ポジションに戻す。

⑰左脚をパッセ、左腕は体の前で丸くする。

⑱軸足をプリエしながら左脚を前に出す。

⑲軸足を伸ばしながら左脚を前から横に回す。

⑳左脚が横までできたらパッセ。

㉑5番ポジションに戻す。

㉒軸足をプリエし、左脚を前に出す。

㉓軸足に重心をのせ左脚をパッセしながらプリエを使って回転する。

㉔1周回り終えるまでパッセをキープする。

㉕回り終えたら、両腕を体の前で丸くしキープする。

　脚を大きく振り上げる「バットマン」や「ピルエット」は、新体操のフロアトレーニングの中にも入っているが、バーと鏡が使えるときこそ、骨盤のずれや猫背などがないか、姿勢のチェックを怠らないようにしよう。バーレッスンで正しい形を覚え、身につけられれば、フロアトレーニングでも演技の中でも美しい実施ができるようになる。とくにピルエットはバーレッスンで軸のとり方をしっかりマスターしておかな

いと、フロアでは太刀打ちできないので十分な練習を積んでおこう。

ここがポイント！

　バーレッスンではどうしても脚に意識がいってしまいがちだが、脚の動きにはそれぞれ理屈にあった手の動きが連動している。写真やバーレッスンのDVD、動画などを見てほしい。バレリーナとまったく同じでなくてもよいが、バレエの動きは非常に理にかなっているので研究してみよう。

ポイント10〜12では、バーレッスンの基本メニューを紹介しているが、ほぼ右脚が軸足になっている。実際にはすべて左脚軸でも行うことになるのでこの倍の長さになる。一連のメニューの切れ目にあたる部分でバーを持つ手を変え、左軸足バージョンも入れ込んでバーレッスンを行おう。

ポイント 13 バレエの基本ポジションを完全マスター！

体全体に対するものなのだ。足だけ決まり通りに置けたとしても、肩やお尻の位置があちこちに動いてしまっていてはポジションの意味がない。

「両肩の高さが同じ」「骨盤の高さが左右同じ」「膝とつま先が同じ向き」「背中がまっすぐで頭が体の中心にある」まず、こういった基本姿勢ができているかバーレッスンのときに限らずチェックしよう。

新体操では可動域の限界を超えた動きもするので、体にも負荷がかかる。正しい基本姿勢がとれない場合は、故障や関節や骨の変形の可能性もあるので見落とさないようにしたい。美しい基本姿勢は減点されないためだけでなく健康で長く新体操を続けるためには不可欠なのだ。

バーレッスンのメニューの説明の都合上、ここで言う「基本ポジション」は足の置き方という意味が大きいが、本来、バレエの基本姿勢は、足の置き方だけでなく、

ありがち NG! ～腕～

力が抜けすぎてだらりとしている。

肘が曲がっていて指先も不自然。

ここがポイント！

新体操をやっていると、腕はどうしてもピンと伸び、指先も独特の形になることが多い。自然で美しい形をめざしたい。

足の基本ポジション

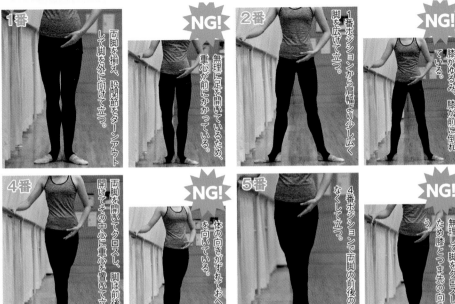

1番 両脚を揃え、股関節をターンアウトして脚を外に向けて立つ。

NG! 無理に足を開いているため、重心が前にかかっている。

2番 1番ポジションから肩幅より少し広く脚を広げて立つ。

NG! 膝がゆるみ、膝が前に倒れている。

4番 両脚を開いてクロスし、脚は前後に少し開けてその中心に重心を置いて立つ。

NG! 体の向きがずれておへそが横を向いている。

5番 4番ポジションで両脚の前後の隙間をなくして立つ。

NG! 無理して脚をクロスしているため膝とつま先の向きが違う。

Check1 骨盤が前や後ろに倒れることなく床に対して垂直に立っているか。

Check2 常に膝が曲がっていたり、後ろに反りすぎたりしていないか。

Check3 足の指が床から浮いていたり、指先が丸まったりしていないか。

ありがち NG! ～足～

GOOD 脚のラインがまっすぐで甲の出た美しく高いルルベができている。

NG!

親指の付け根にのっておらずルルベを上げきれていない。

5番ポジションでのルルベが内股になっている。

プリエのとき膝が前に出ている。

タンジュでつま先を床に押しすぎてつぶしている。

+1 正しい足のポジションには、股関節からのターンアウトが必須となるが、股関節回りの筋肉の働きがあってこそターンアウトは可能になる。無理に押したりして形だけをつくると故障の原因になる。

ダイナミックに脚を上げる基本「バットマン」

バーレッスンは、しっかりと正しい姿勢を意識しながらていねいに行うべき、と理解はしていても、どうにも勢い任せになりがちなのが「バットマン」だ。それまでは粛々とバーレッスンをこなしていた子が突然、脚を思い切り振り上げてしまう。脚を高く上げようとするとそうなってしまいがちで、とくに小さい子どもたちは、人よりも少しでも脚を高く上げよう！　と張り切ってしまう。脚を上げやすいように上体はぶれぶれ、膝もつま先もゆるゆる！　というレッスン風景は全国あちこちで見られるに違いない。

新体操ではバランスやジャンプなど勢いよく開脚する動きが多いので、バットマンは有効なトレーニングだ。無駄な力を使わず姿勢は変えずにすっと脚だけが上がるバットマンをまずはバーレッスンでマスターし、演技にも生かせるようにしたいものだ。

ここがポイント!

フェッテバランスは、新体操の演技に多用される身体難度だが、脚を振り上げるためつま先や膝のゆるさが目立ち、実施減点されがちだ。バットマンでつま先、膝を意識して脚を上げる練習をしよう。

1.バットマン・フォンデュ （※股関節を正しく開き、上半身の姿勢を維持する）

①軸脚をプリエすると同時に動脚のつま先を足首にあてる。

②股関節を外旋しながら動脚を前に出す。

股関節が十分に開かず、骨盤がずれているバットマン

Check1 脚を前に出すときに骨盤がずれていないか。

Check2 アチチュードを通って脚を前に出せているか。

Check3 前に出した脚は内股になっていないか。

2 バットマン

①動脚を前に振り上げる。

②動脚を横に振り上げる。

脚を前に上げるときに上体が前に傾き猫背になるのはNG！

Check1 脚を上げるときに上体が傾いていないか。

Check2 軸足が内股になったり膝が曲がったりしていないか。

Check3 動脚の膝、つま先は伸びているか。

3 バットマン(後ろ)

軸足にしっかり重心を置いたまま脚を後ろに振り上げる。

脚を体の外側に逃がすのはNG！

Check1 脚を上げるときに上体が前に倒れていないか。

Check2 軸足が内股になったり膝が曲がったりしていないか。

Check3 動脚の膝、つま先は伸びているか。

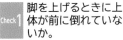

バットマンではつい力いっぱいになるべく高い位置まで脚を振り上げようとしてしまいがち。高さではなく体と脚が一直線になるラインを保ちながら、膝、つま先まで伸ばすことを意識して上げるようにしたい。高さを求めると姿勢が乱れがちなので、要注意だ。

ポイント 15

「ローテーション名人」への第一歩！ピルエットを攻略しよう

「ローテーション」は得意な選手にとっては得点源になるが、苦手な選手にとってはなかなか攻略できない難関となりがちだ。しかし、残念ながらローテーションの上達に近道はない。取り組みやすいパッセローテーションから焦らず一歩ずつ高い難度のものに挑戦していくしかないのがローテーションだ。

近道はないだけにフロアに出る前にバーレッスンでしっかり基本のピルエットを身につけるしかない。将来何回転もできるようになるためには、ぶれのない軸、高いルルべで回る揺るぎない1回転をものにすることだ。ギリギリまでバーに助けてもらいながら、重心を正しい位置にのせ、回転の勢いを殺さないまっすぐな軸をとる練習を繰り返し行おう。ローテーションが得意な選手でも少し狂っていると感じたら、いつでもバーに戻って感覚を取り戻すようにしよう。

ここがポイント！

ピルエットでは腕の動きがかなり助けになる。新体操のローテーションでは、手具を持っていることが多いので勝手は違うが、バーレッスンでは腕を体の前で丸くすることを身につけておこう。

1.ピルエットの回り始め

①右脚を軸にしてプリエし、膝を伸ばしながら左脚を横に出す。

②横に出した左脚をパッセにしながら回る。

NG!

ルルベが上がりきっておらずパッセの形も中途半端。

Check1 左脚をパッセにすると同時に一気にルルベになっているか。

Check2 軸足はまっすぐに立っているか。

Check3 左腕を丸くして回転を助けているか。

2.ピルエットの回り終わり

①回り終えたときに、パッセは保持しておく。

②パッセの脚が落ちるのではなくコントロールして下ろす。

NG!

軸足が右側に傾いている。

Check1 回り終わる前にパッセが崩れていないか。

Check2 高いルルベを回転中保てているか。

Check3 回転中、腕を体の前で丸く保っているか。

3.ピルエットを安定させるポイント!

親指の付け根にしっかり重心をのせ、甲がカーブしているルルベが理想。

高いルルベで、パッセも股関節がしっかり開いた美しい形ができている。

+1 ピルエットで力を発揮する高いルルベだが、甲を柔らかくするだけでは高いルルベは手に入らない。理想的な形をつくれるだけの甲の柔軟性は必要だがそれ以上に、その形を保持できるだけの足裏の筋肉も必要になる。「タオルつかみ」のような家でできるトレーニングも取り入れ、強い足裏をつくろう。

幼児や小学生は歌詞のある曲で表現力を磨こう

　新体操をやっている子の多くは、もともとは「踊るのが好き！」で始めている。しかし、実際に練習を積み、試合にも出るようになってくると、「音楽に合わせて楽しく踊る」どころではなくなってくることも少なくない。

　とくに現在のルールでは、演技中に入る手具操作が多いので、年少者や初心者はなかなか表現までは気を配れないと思う。そんな子ども達におすすめしたいのが歌詞のある曲を使うことだ。競技作品ではなく発表会などでやってみるとよいと思うのだが、歌詞それも日本語の歌詞付の曲だと歌詞によって気持ちがつくりやすくなり、演技中の表情がぐっとよくなることが多いのだ。

　年齢が上がってくれば、もちろん、歌詞に頼らなくても、クラッシックでもロックでも、音楽を体と動きで表現できるようになるのが理想だ。しかし、まだ「表現」に至らない年齢、キャリアの子どもの場合は、日本語歌詞によってわかりやすい表現をしてみるところから始めてみるとよいと思う。「かわいい」をかわいらしく、「戦う」を勇ましく表現し伝えることに成功できれば、子どもなりに表現する楽しさを覚え、その楽しさを手放したくないと思うだろう。

　今の新体操では、上級者でも音楽を表現するような振りを演技に入れる余裕はなかなかない。だからこそ、身体難度でも手具操作でも、すべての動きに感情を込めること、それが「表現」を伝える方法ではないか思う。歌詞のある曲で、その歌詞に合った表現をすることを幼いうちに経験することは、未来の表現者を育てる礎になるだろう。

Part 4

動きのなめらかさに繋がる アイソレーションを取り入れよう

主にダンスのレッスンで行われていた「アイソレーション」だが
10年ほど前から新体操でも盛んに取り入れられてきた。
首、胸、腰など体の部位を独立して動かす「アイソレーション」は、
連続したなめらかな動きを手に入れるためには必須。
お気に入りの曲を流しながらやってみよう！

基本の
アイソレーションメニュー

①脚を肩幅に開き、手を後ろで組み首を横に倒す。

②①の体勢のまま首をぐるりと回す。

③脚を肩幅に開き、手を腰にあててお尻だけを後ろに突き出す。

④胸を少し引き、腰を前に出す。

⑤脚を肩幅に開いて立ち、腰を小さく左右交互に突き出す。

⑥⑤の体勢からより大きく腰を左右交互に突き出す。

ここがポイント！

　お尻を突き出す、腰を回すなどは、慣れない間は照れてしまうかもしれないが、新体操では普段動かさない部分を動かすことは、よりなめらかな動きができるようになるためには必要なことなので、どこを動かすのかしっかり意識しながら行おう。

⑦脚を肩幅に開いて立ち、手を後ろで組み頭を後ろに反らせる。

⑧肩、頭を前に出し、膝を曲げて背中を丸める。

⑨膝を伸ばしながら背中、胸を前に出し上半身を後ろに反らす。

⑩脚を肩幅よりやや広めに開いて立ち、上半身を片脚の前につける。

⑪顔を先に起こし、上半身を弓なりにしながら起こす。

⑫両腕を大きく広げながら上半身を側方に倒す。

⑬開いた両腕を平行に揃えながら、体をもっとも大きく倒す。

⑭両腕を大きく後ろに回しながら、お尻を後ろに引き、胸を前に張る。

⑮両腕を真上まで回しながら、膝を伸ばしお尻を引っ込める。

⑯両脚を揃えて立ち、膝を曲げ体を前に丸めてから膝を伸ばしながら片方の腕を上に上げる。

⑰膝を曲げながら体を前に波打たせながら丸め、上げた腕を下ろす。

⑱膝を曲げ、体を前に丸め両腕を前に下ろす。

　現在のルールでは最低１回は入れることになっている８秒間のステップや、演技の「つなぎ」と言われる部分では、体を使った豊かな表現が求められている。こういった部分での動きの質を上げるためにはアイソレーションは効果的だと言える。たとえば腕を上げる動作一つにしても、直線的にすっと上げるだけでなく、肩、肘、手首、指先などを細かく分けて動かすことができれば豊かな表現を見せることができるのだ。

　身体難度と手具操作ばかりを羅列したような演技では難度点（Ｄ得点）は稼げたとしても見る人の心は動かず、審判からも評価されないが、体の細かい部分まで自在に動かすことができれば「魅せる演技」になってくる。

 アイソレーションで大切なのは、「動かす部分と動かさない部分」を意識すること。慣れない間は、どこかを動かせば、本来は動いてはいけない部分も連動して動いてしまうだろうが、そこを意識して止められるように練習していこう。意識せずにただ流してやるアイソレーションでは効果は得られない。

ポイント
17

首・上体を 自由自在に 動かせるようになる！

　小さい子ども達の発表会などを見ていると、できることにはそれほどの差はないのに、上手に見える子とぎこちなく見えてしまう子といることに気がつく。その差はなんなのか考えてみると、上手に見える子のほうが体のいろいろな部分を動かせているように思う。たとえばピルエットを例にあげるなら、プレパレーションに入る動き、回転するときの顔のつけ方、終末のおさめ方など、腕や肩、胸などが柔らかく連続的に動かせれば非常に優雅に見える。

　しかし、直線的にしか動けなければ、ロボットのように見えてしまう。回れる回転数は同じだったとしても受ける印象は大きく違ってくるはずだ。

　この「柔らかく連続的な動き」を可能にするのがアイソレーションだ。この先、今よりも芸術性が重視されるルールになった場合は、こういった動きの差はより点数にも影響してくる。しっかりトレーニングしておこう。

ここが ポイント！

　上体だけを動かすときには、胸ではなく肩甲骨を動かすように意識しよう。肩甲骨から動かすようにすると胸だけを意識しているときよりも動きが大きく、深くなり動きの幅が出てくる。

1. 首を動かす

①脚を肩幅に開いて立ち、手を後ろで組み、首を片方に最大限に曲げる。左右行う。

②①の姿勢のまま上体は正面向きを保ちながら真横を向く。左右行う。

③①の姿勢のまま頭を後ろに倒し、最後に右、左両方から回す。

Check1 頭や首を動かすときに肩が上がっていないか。

Check2 左右の差がなるべくないようにできているか

Check3 回すときは、スムーズに回せているか。

2 上体を前後に動かす

①脚を肩幅に開いて立ち手を脚の前に置き、お尻を少し後ろに引き胸だけを前に出す。

②肩を前に出し、胸を後ろに引きながら腰を前に出す。

③腰に手をあて、お尻を突き出し、胸を前に出す。①よりも大きくお

④肩の位置は変えずにお尻、胸を戻

Check1 動きの大きさに変化はつけられているか。

Check2 背骨が一つずつ動くことを意識できているか。

Check3 背中に曲線が出せているか。

3. 上体、腰を左右に動かす

①肩幅よりやや広めに脚を開いて立ち、手を脚の前に置き腰の位置は変えずに上体だけ右に動かす。

②真ん中を通り、上体だけを左に動かす。

③腰に手をあて、肩の位置は変えずに腰を右に動かす。

④肩の位置は変えず、腰を左右に動か

Check1 上体を動かすとき、腰も連動して動いていないか。

Check2 腰を動かすとき、肩も連動して動いていないか。

Check3 左右の動きの間では体がまっすぐに戻っているか。

 上体だけを動かすことに慣れない間は、あぐらをかいて腰を固定して行ってみよう。腰だけを動かすときには、みぞおちとおへそを動かさないことを意識しながら、慣れない間は少しずつ左右に動かすようにしよう。慣れてきたらより大きく、リズミカルに腰を動かしようにしていくとよい。

ポイント 18

踊れる体には必須の「蛇動」をマスターする!

新体操のキャリアが短い小さい子ども達を見ていると、開脚や反りなど柔軟のトレーニングは成果が見えやすいので、一生懸命にやる傾向がある。しかし、アイソレーションは形をなぞるだけなら初心者でもできるため、その意味が理解できずなんとなく腰を振ったり、背中を丸めたりしているだけでやった気になっている場合も多い。

親や指導者もどうしても成果が見えやすいところだけを見てしまいがちだが、じつはこういう一見誰にでもできそうで、きちんとできるのは難しいことができるようになることこそ「大きな進歩」なのだ。柔軟性や筋力ではなく、アイソレーションで頑張っている子がいたら、それを見逃さずしっかり褒めてほしいと思う。試合での点数や結果にはすぐには結びつかないかもしれないが、体の細かい部分まで自在に動かせるということは、表現者としては最も大切な部分なのだから。

ここがポイント!

「蛇動」は単なるトレーニングではなく、演技の中に動きのつなぎとして入れるべき要素だ。スムーズで美しい「蛇動」は、演技のアクセントにも使えるので、しっかりマスターしよう。

1. 前後の蛇動

①脚は肩幅に開いて立ち、手を後ろで組み、頭を後ろに反らす。

②膝と腰を曲げ、上体を前に倒す。

③膝を伸ばすと同時に上体を丸めながら起こしていく。

④頭は前に残し膝は伸ばしきらずに上体を起こす。

⑤頭を引き膝を伸ばしてやや反り気味に体を伸ばす。

⑥膝を伸ばし、顔は前を向いたまま大きく上体を前に倒す。

⑦膝を曲げて頭を入れ、背中から胸を丸めながら上体を起こしていく。

⑧膝を伸ばして上体を起こし、大きく後ろに反らす。

Check1 背中を丸めたとき、反らすとき背骨1本ずつの動きを意識しているか。
Check2 頭や顔の動きは、体の動きと合わせられているか。
Check3 全体を通してなめらかに動けているか。

2. 左右の蛇動

①脚は肩幅より広く開いて立ち、手を後ろで組み、上体を斜め前に倒す。

②右脚に上体が重なるように深く倒す。

③頭を起こし、背中を反らしながら倒した上体を起こす。

④上体を起こしたら、腰を押し出し右脚に重心をのせる。左右とも行う。

Check1 背中を反らしながら起きるとき背骨1本ずつの動きを意識しているか。
Check2 上体を起こすとき、頭から先に上げているか。
Check3 上体を起こした後、右脚に重心を移せているか。

アイソレーションで行う動きはすべて、新体操の身体難度のような極端な柔軟性は必要ないので、初心者でも「似たような動き」をすることはできる。しかし、正しくアイソレーションができるまでの道のりは長く険しい。自在に体が動くようになるまで鏡を見ながら、毎日家でも練習しよう。

ポイント
19

女性らしい
たおやかな動き
「波動」をものにする

先に新体操を始めていた子どもが、途中からバレエを習い始めると、一番注意されるのが腕の動きだという。腕をまっすぐにすることがほとんどないバレエの先生から見ると、新体操を習っている子ども達の腕がピンピンに伸びすぎていることはとても気になるようだ。

新体操をやっている子ども達がみんなバレリーナのような腕をめざすこともないとは思うが、やはりピンピンの腕では、新体操での評価も低くなってしまう。腕の動きが柔らかく、表情豊かだとそれだけで演技もかなりよく見えるし、常に伸びすぎていたり、無造作だったりする腕は演技の印象を悪くする。

腕を伸ばすときも、一直線に伸ばすのではなくふわっと弧を描いたり、波打たせたりして動かすことができるように「波動」を練習しよう。

ここがポイント！

新体操選手のラジオ体操は、体操というよりも舞踏に見える。新体操選手の腕の動き方が柔らかいからだ。腕の動きが直線的だとただの体操になってしまう。踊っているつもりが体操にならないようにしよう。

1.左右の動きに波動をつける

①脚を肩幅よりも広くして立ち、体の前で腕をクロスさせる。膝を曲げて立ち、

②膝を伸ばし腕を大きく広げながら、上体を右に引っ張る。

③上体を一番遠くに引っ張りながら両腕が平行になるところでキープ。

④腕を広げ脱力しながら①の体勢に戻す。左右とも行う。

Check1 上体を前に倒した姿勢から伸びは一気に羽ばたくようにできているか。

Check2 腕は軟らかく動かし指先まで美しく意識できているか。

Check3 体を伸ばしたあと、脱力できているか。

2.前後の動きに波動をつける

①脚は肩幅に広げて立ち、膝を曲げ腕を左右に大きく広げて胸を前に出す。

②腕は床と水平に前に回し、頭を入れ上体を丸める。

③腕を前後に回しながら膝を伸ばし体を上に伸ばし後ろに反る。

④肘を曲げて上体を前に引きつけ、膝を曲げ腕を前に引きつけ、上体を丸める。

Check1 腕を水平に動かすとき、柔らかく曲線的に動かせているか。

Check2 腕を上から下すとき、肘を曲げ柔らかく動かせているか。

Check3 首を柔らかく動かし、顔の向きを意識できているか。

3.左右非対称の波動

①両脚を揃えて立ち膝を曲げ腕を体の前で波打たせながら、倒していた上体を起こしていく。

②体の前まで腕が上がったら、上体が起きるのに合わせ右腕だけを一気に上まで伸ばす。

③肘を曲げながら腕を下ろし、上体も再び前に倒して①の姿勢に戻る。左右とも行う。

Check1 腕を上に伸ばすとき腕を曲線的に動かせているか。

Check2 腕を下すとき肘を曲げ、腕を緩やかに下ろせているか。

Check3 腕を上げたとき、上げた腕の指先を見ているか。

腕の動きは、演技の印象を大きく左右する。最近の演技は手具操作で忙しく表現の入り込む余地が少なくなりがちなので、より腕の動きの重要度が増している。片方の手は手具操作をしていても空いている手があるなら、その腕から指先までをフルに使って少しでも表現を深めるようにしよう。

時代によって変わるレオタードの流行

　新体操の試合用レオタードといえばキラキラした
スパンコールやストーンがついていて、最近ではフ
リルや羽などもついていたりしてかなりデコラティブ
になってきている。この華やかなレオタードにあこが
れて新体操を始める子も少なくないようだ。

　じつは試合用のレオタードがこんなに華やかに
なったのは、ここ20年のことだ。その前は、せいぜい
切り替えがあって2種類の生地を使ってあったり、部
分的に柄物の生地が使われている程度でも「おしゃ
れ」だと言われていた。もちろん、スカートはついて
おらず鼠蹊部が丸見え。ジュニアの後半や高校生に
もなると、それが恥ずかしくて新体操を続けること
を躊躇する選手も少なからずいた。

　レオタードにスカートがつけられるようになったの
は2001年からで、2002年になると一気にスカートが
普及した。奇しくも2003年から全日本ユースチャン
ピオンシップという全国の高校生の目標となる大会
が始まり、それまではジュニアまでで新体操を止め
る選手が多かったのが、ぐっと継続率が上がった。
高校生にとってはインターハイ以外に目標ができた
こと、そしてレオタードがスカート付になったことで
レオタードへの抵抗感が薄れたことの相乗効果が
あったように思う。

　ところが、ここにきてレオタードのスカートがどん
どん小さくなってきた。あえてスカートなしのレオ
タードを選んだり、オールタイツも復活してきてい
る。近年の選手たちはガリガリに細いのではなく、
筋肉質のアスリート体型が増えており、スポー
ティーな形のレオタード似合うようになったからでは
ないかと思う。レオタードの流行も時代やルールに
よって変わっていくのだ。

Part 5

カウントされる身体難度を身につけよう！

「バランス」「ローテーション」「ジャンプ」
この3種類の身体難度がしっかりカウントされるようになれば、
試合での得点もぐっと上がってくる。
「カウントされる身体難度ができる体」をめざそう。

基本の身体難度 トレーニングメニュー

ポイント **20**

① 支持ありの横バランスも行う。かかとを上げたバージョンも行う。

② バックル（後ろ持ち）バランス。かかとを上げたバージョンも行う。

③ フェッテバランス。体は正面を向き、脚を横に上げる。

④ フェッテバランス。体を横向きにして脚を前に上げる。

⑤ フェッテバランス。体は横向きのままパッセ。

⑥ パンシェ。立位から徐々に上体を下げていく練習も。

ここが ポイント！

　身体難度にも流行があり、多くの選手が演技に入れているものは、「カウントされやすく手具操作とも組み合わせやすい」いわゆる「お得な難度」だ。流行も参考にして、まずは自分の体の特性を生かした賢い演技構成をし、レベルアップしていこう。

⑦ローテーション。プレパレーションを正しくしっかり。

⑧回転中は脚をパッセで保ち、かかとは高く保持する。

⑨180度の開脚を見せられるように意識して開脚ジャンプ。

⑩前脚をしっかり引きつけて鹿ジャンプ。

⑪高いルルベで体を引き上げて構える。

⑫前に一歩大きく踏み出す。

⑬シャッセした後、片脚で踏み切る。

⑭前に出した脚の方向にターンジャンプする。

⑮前方転回、後方転回、側転などのプレアクロバット。

　シニアであれば個人の競技作品には最低3個の身体難度を入れることが求められる。「ジャンプ」「バランス」「ローテーション」の3つのグループから最低1個の身体難度を入れ、最高9個の身体難度を入れることができる（ジュニアの場合は、最低3個最高7個）。ある程度、競技をやってきた選手ならおそらく上限に近い数の身体難度を演技に入れていると思うが、採点してみると身体難度ですでに大きく点差がついてしまう場合がある。

　演技中に入れている難度のレベル差もあるだろうが、予定していた点数が出ない場合は、身体難度がカウントされていないことも多々ある。自分ではできているつもりの身体難度が審判目線だと「できていない」と判断されることは少なくないのだ。

　代表的な身体難度や自分の演技に入っている身体難度は、カウントされるためのポイントを意識しながら普段から練習をしよう。

最高レベルの難度でも価値が0.6のバランスやジャンプに比べると、ローテーションは回転数を増やすことにより1つの難度で高い得点を得ることが可能なため、大きな得点源となる。

「バランス」は、美しい実施で差をつけよう！

バランスは今、身体難度の中では「点が稼げない難度」になりつつある。ローテーションなら回転数を重ねることで上位選手なら1つの難度で1点以上稼げるのに比べると、バランスはもっとも価値点の高いものでも0.6。効率よく点数を稼げる難度ではなくなっているのだ。

しかし、ローテーションはかかとを上げた状態で体を保つことができなければ1回転回ることもおぼつかない。バランスを軽視することなく、しっかりと習得することが高得点を狙えるローテーションの上達にもつながってくる。

今は、かかとを下しての実施でも、価値点は0.1下がるがカウントされるバランス難度がある。初心者のうちはそれでよいが、先につなげるためには、徐々にかかとを上げて実施できるよう練習しよう。

ここがポイント！

手での支持ありのバランスは、脚を前、横、後ろどこに上げても0.3の価値点（かかとを上げての実施）のバランスが多い。まず自分の体に向いたものから確実にできるようにしよう。

1.横バランス

①軸足、骨盤をまっすぐに保ち、脚を真上に上げる。まずはかかとをつけて、ルルベでも練習しよう。

脚を上げる最中、脚が緩んでいる。

骨盤がずれている。脚から体のラインはまっすぐにする。

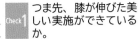
つま先、膝が伸びた美しい実施ができているか。

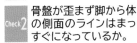
骨盤が歪まず脚から体の側面のラインはまっすぐになっているか。

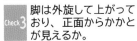
脚は外旋して上がっており、正面からかかとが見えるか。

2.バックルバランス

①軸足を曲げずに立ち、脚を後ろに振り上げ、両腕を後ろに振り上げ足首をつかむ。

②上げた脚の膝をできるだけ伸ばし、頭に脚を近づける。

Check1 つま先、膝が伸びた美しい実施ができているか。

Check2 脚を最高点に上げたときにお腹が落ちてしまっていないか。

Check3 腕は肩からしっかり後ろに回せているか。

脚が付け根から上がっておらず、脚と頭が離れすぎている。

軸足が内股になっている。バックルバランス時の内股は非常に多いので注意！

+1 ここでは取り上げていないが、前に脚を上げるバランスも練習しておきたい。前に脚を上げるときは、骨盤がずれやすいので正しい形で行うことは難しいが、それだけに美しく実施できるとアピールポイントになる。

基本中の基本「フェッテバランス」を極める！

この10年、もっともコンスタントに演技に入っている身体難度ではないかと思うのがこのフェッテバランスだ。脚が水平面まで上がればよい難度なので、開脚度の小さい初心者でもカウントしてもらえる難度として当初は重宝されていた。今は、手具操作が複雑化してきているので、片手で脚を支持する必要がなく両手が空くという点で、やはり使い勝手のいい難度としてよく使われているように思う。

こういう比較的容易で誰もがやるような身体難度は、つい甘くみてしまいがちで、演技中も無造作に行ってしまいがちだ。しかし、横、前、パッセと3回あるかかとを上げるところで1つでもかかとが落ちていたら、価値点は0点になる。また、方向転換のときに体が回転したり、最低2回の方向転換がなかった場合は、カウントされない。油断はせず、周りとの差がつく正確で美しい実施をめざそう。

ここがポイント！

以前に比べて脚を上げた形での静止が要求されず、アクセントがあればよくなったフェッテバランスはカウントされやすくなったが、つま先や膝のゆるみが目立つようになっているので実施減点に注意しよう。

1.フェッテバランス（基本）

①軸足の膝を伸ばし、脚を横に90度以上振り上げる。

②横に上げた脚を下ろして、体を横向きにしながら脚を前に90度以上振り上げる。

③前に上げた脚を下ろして、前パッセにする。

NG!

前パッセのときに膝が外に流れ、つま先もゆるい。

Check1 横、前、パッセそれぞれアクセントになる程度に形を見せられているか。

Check2 体の向きは、かかとを上げながら一気に変えているか。

Check3 つま先や膝を伸ばして美しく行えているか。

2.フェッテバランス（上級）

①軸足の膝を伸ばし、脚を横に180度振り上げる。

②横に上げた脚を下ろして、体を横向きにしながら脚を前に180度振り上げる。

③前に上げた脚を下ろして、前パッセにする。

NG!

脚を前に上げるとき骨盤がずれている。

Check1 横、前、パッセそれぞれアクセントになる程度に形を見せられているか。

Check2 体の向きは、かかとを上げながら一気に変えているか。

Check3 つま先や膝を伸ばして美しく行えているか。

 フェッテバランスは、「最低3つの同じかまたは異なる形＋1つのターン」が求められており、価値点は最低2つの形での脚の高さが水平だと0.3、最低2つの形で脚の高さが水平面より高くなると0.5となる。開脚度さえ上げられれば0.2アップが狙える発展性のある身体難度なのだ。

ポイント23 より美しく、より安定した「パンシェ」をめざそう！

パンシェも、この10年間で非常に使われる頻度が増えた身体難度だ。フェッテバランス同様、両手が空くので手具操作の手数を増やしやすいことに加え、パンシェは非常に発展性のある難度でうまみが多いのだ。

かかとを下ろしても価値点が0.4と高いうえに、リングを伴えば0.5になる。さらに、パンシェの練習を重ね上達していけば、いずれパンシェのローテーションにも挑戦できるようになるだろう。かかとをつけてのパンシェローテーションは1回転で0.4。1回転増えるごとに0.1加算される。回転数を増やすことは簡単ではないが、はじめの1回転ができるようになれば、熟練度が増せばかなり回れる。大きな得点源になるパンシェローテーションにも将来的に挑戦できるようになるためには、ルルベでも止まれるくらいの正確で美しいパンシェを身につけておくことが必要だ。

ここがポイント！

ここでは、床に手をついたところから入るパンシェを紹介しているが、実際の演技の中では立位から上体を下げていく場合が多い。パンシェの形、バランスのとり方が熟練してきたら立位から入る練習をしよう。

1.パンシェ（基本）

①床に両手をつき、上体を前に倒して片脚を後方に180度上げる。

②脚が上がったら、重心を軸足にのせ背中を引き上げバランスをとる。

③手を床から離し左右に広げた形でキープする。

NG!

後ろに上げた脚が外に逃げていて、おへそも横を向いている。

Check 1 開脚は股関節をしっかり開き、180度十分に開いているか。
Check 2 背中を引き上げ、上体を床に対して水平に保てているか。
Check 3 つま先や膝を伸ばして美しく行えているか。

2.リングを伴うパンシェ（上級）

①床に両手をつき、上体を前に倒して片脚を後方に180度上げて膝を曲げつま先を頭に近づける。

②つま先を頭につけ、バランスをとって手を床から離す。

③手を床から離し左右に広げた形でキープする。

NG!

開脚が十分でなく後ろに上げた脚の膝が外に逃げ、軸足も内股になっている。

Check 1 開脚を180度以上十分に開いてから行っているか。
Check 2 背中を引き上げ、上体を床に対して水平に保てているか。
Check 3 つま先や膝を伸ばして美しく行えているか。

リングを伴うパンシェを演技に入れている選手が増えてきているが、かなりの柔軟性とコントロール力がないと美しく実施することが難しい。とくにつま先を頭につけることに必死になりすぎてお腹が落ちたり、軸足が内股になっている選手が多い。まずは十分な開脚度を身につけてから挑戦しよう。

ポイント
24

プレパレーションの形を
しっかりマスターして、
ピルエットを回り切る

　新体操のトップレベルの選手たちの演技を見ていると、もっとも観客が盛り上がるのがローテーションだ。日本の代表選手たちでも、喜田純鈴選手のパンシェターンや大岩千未来選手のバックルターンは、世界の大会でも会場を沸かせている。

　観客が盛り上がるローテーションはやはり、回転数が多く回転にもスピードがある。誰にでもできるものではないが、理想像としては目標にするとよいだろう。ローテーションの中で、比較的誰でもレベルアップしやすいのはフェッテだろう。特別な身体能力が求められるわけではなく、基本的なピルエットができ、努力を重ねれば回転数を積み上げることができ、それに伴って点数も上げられる。ローテーション名人になるには近道はない。とにかく基本をしっかりと身につけることでしか、高いところに到達はできないのがローテーションなのだ。

ここがポイント！

　ピルエットを安定して回れるようになるためにもっとも大事なのは高い位置でかかとを保持することだ。勢いで回るのではなく、プレパレーションのプリエを生かして、確実に回れるようにしていこう。

1.ピルエット（回り始め）

①回転するときに軸足になるほうの脚を1歩前に出してプリエし、腕を体の前で丸く構えてプレパレーション。

②軸足に一気に重心をのせながら、動脚をパッセの形に引きつける。

③両腕で円をつくり、脚はパッセのまま高いルルベを保持して回る。

NG!

重心が外側に傾いて軸足が内股になりルルベも落ちかけている。

Check1 回転中、かかとは高い位置で保持できているか。
Check2 プリエした軸足を伸ばしながら一気に軸がつくれているか。
Check3 パッセは正しい形で回転中キープできているか。

2.ピルエット（終末）

①回転中は、体を引き上げ脚はパッセの形で腕は体の前で丸く保持する。

②回り終えるまでかかとの高さとパッセは保持し、回り終えてから動脚をパッセから下す。

③動脚を下ろして、軸足の後に入れて体は引き上げたまま美しく回り終える。

NG!

回転中のパッセが中途半端な形になっていて、つま先もゆるい。

Check1 回転し終えるまで軸はまっすぐに保たれているか。
Check2 回転中のパッセや腕の形は美しく保たれているか。
Check3 最後までかかとを高い位置で保持して回れているか。

ローテーションは様々な形をとりながら回るものがあり、形をつくること、保持することが難しい形で回ればより点数は高くなる。しかし、もっとも基本的なパッセでしっかり回れないことには、難しい形で回れるようにはならない。先を焦らずじっくりと基本を身につけていこう。

ポイント 25 ダイナミックな基本のジャンプをマスターする！

所は数多くある。

ジャンプはそれだけ、気の抜けない身体難度であり、上達にも時間がかかる。しかし、技の数を増やしていかなければならない今の新体操では、ジャンプを連続して跳べる選手はかなり有利になっている。ジャンプが得意と言えるようになるまで粘り強く練習しよう！

大会のサブフロアで初めて見る選手がどのレベルなのかを見極めるには、身体難度の中ではジャンプがもっとも適している。バランスやローテーションは、身体難度を単独でやっていれば大会に出てくるような選手はたいていがうまい。しかし、ジャンプはシャッセから始まりジャンプして着地、この一連の流れの中で苦手なこと、弱い部分が露呈してしまうのだ。仮にジャンプの形は美しく跳べる選手だとしても、跳ぶまでの動きがぎこちない、つま先や膝がゆるい、姿勢が悪いなど減点されそうな箇

ジャンプは、跳躍力があるに越したことはないが、跳ぶタイミング、コツがつかめれば難度がとれるレベルのジャンプは跳べるようになる。練習しがいのある身体難度なのだ。

ここがポイント！

鹿ジャンプ、コサックジャンプは価値点0.1なので簡単なジャンプと思われがちだが、跳ぶときに曲げる脚の引きつけがかなり難しい。トップ選手でもこれは不十分なときがあるのでしっかり意識しよう。

1.開脚ジャンプ

①両腕を左右に広げて引き上げ、5番ポジションでかかとを高く上げて構える。

②シャッセで、空中で一度脚を揃え前の脚を大きく一歩踏み出す。

③前脚で踏み切り、180度の開脚を見せてジャンプする。

Check1 シャッセでつま先はしっかり伸ばせているか。

Check2 開脚は180度十分に開き、膝、つま先は伸びているか。

Check3 ジャンプ中、肩が上がったり状態が前傾していないか。

開脚度が不足していて、後ろ脚も膝が曲がっている。

NG!

2 鹿ジャンプ

①両腕を左右に広げて引き上げ、5番ポジションでかかとを高く上げて構える。

②シャッセで大きく一歩前に進み、両脚で着地する。

③両脚着地からそのまま両脚で踏み切る。

④ジャンプしながら前脚を引きつけ、後ろ脚を水平以上まで上げる。

Check1 シャッセでつま先はしっかり伸ばせているか。

Check2 ジャンプ中の膝、つま先は伸びているか。

Check3 前脚は十分に引きつけられているか。

前脚が落ちていて、後ろ脚も十分に上がっていない。

NG!

 開脚ジャンプと鹿ジャンプは、初心者や年少者の演技にもよく入っているジャンプだが、ちゃんとカウントされるのはかなり難しい。だからこそ開脚ジャンプは価値点も0.3になっており侮れないジャンプだ。この開脚ジャンプができないとターンジャンプにも進めないのでしっかり練習しよう。

演技にスケール感を与える
ターンジャンプに
挑戦しよう！

今、トップ選手の演技に多用されているのが、この「ターンジャンプ」だ。それも連続で３回、中には４回も跳ぶ選手もいる。普通の選手にとっては１回でも難しいジャンプだが、軽々と跳べる選手にとっては連続で跳ぶことは技術的には、それほど難しいことではないのだろう。昔からエキシビション演技では、ターンジャンプでフロアを１周回って見せる選手もいたが、今は競技作品の中でそれに近いことをやっている。

なぜなら、ターンジャンプは単独でも0.4、それを同じ脚での踏切で２回連続すれば0.8になり、３回なら1.2になる。それもジャンプは他の身体難度に比べて短時間でできる。一つでも多く技を入れたい現在のルールでは連続ジャンプはかなりお得なのだ。ただし、それは連続で跳んでも難度がカウントされるレベルならば、だ。連続ターンジャンプへの道は険しいが、一歩ずつ進んでいくのみだ。

ここがポイント！

ターンジャンプが苦手だと演技には入れず避けてしまいたくなるかと思うが、団体ではよく使われるジャンプなので、団体をやる予定があるなら、なるべく苦手を克服できるように練習しておこう。

1.ターンジャンプの初期練習

①右脚を体の前にしっかり踏み込む。

②体を右に回しながら、左脚を前に回すイメージでターンする。

③前の脚を軽く一歩、45度くらいターンするイメージで踏み出す。

④跳ぶことを意識せず、前に出した脚にしっかり重心を移すようにする。

2.ターンジャンプ

①両腕を左右に広げて引き上げ、5番ポジションでかかとを高く上げて構える。

②右脚を一歩大きく前に踏み出す。

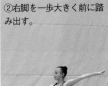

③シャッセで、空中で一度脚を揃える。

④右脚を体の前にしっかり踏み込む。

⑤体を右に回しながら、左脚を前に回すイメージでターンする。

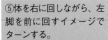

⑥前に出た左脚に体重を移動する勢いを生かしてジャンプする。

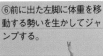

⑦体を引き上げ、一番開脚しているところでは180度開くように跳ぶ。

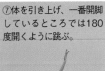

NG!

ジャンプに高さが出ておらず、開脚も不十分。

ターンジャンプは、ジャンプの中でもとくにタイミングが重要なジャンプで、うまくコツをつかめば普通の開脚ジャンプよりもうまく跳べる選手も少なくない。ターンしながら跳ぶというより、ターンの勢いを生かして跳ぶので跳躍力はあまりなくても跳べるジャンプと言えるだろう。

RやADによく使う
プレアクロバットを
得意にしよう!

なるとRやADのバリエーションを増やすことができ、得点力アップにもつながっていくので、身体難度ではないが、新体操では重要な要素となる。

プレアクロバットそのものに点数はないが、回転すべきところで回転が不足していれば「回転」が認められないこともある。また、つま先や膝のゆるみや姿勢欠点などで減点が増えてしまう。せっかくRやADで「回転」による加点を稼いでも実施で減点されてしまっては本末転倒なので、美しく実施できるまで練習しよう。

前方転回や側転などは、「プレアクロバット」と呼ばれ、技そのものには価値点がなく、身体難度ではない。が、手具難度（AD）や、回転を伴ったダイナミック要素（R）などを行う際の基準（加点要素）となる「回転」を満たすためには、かなり高い頻度で使われる。これらのプレアクロバット要素を正確に美しく、そして素早くできるように

ここがポイント!

プレアクロバットをRとADに1回ずつは同じものを入れることができる。たとえ側転だけしかできなくてもそれを極めれば演技に入れることはできるので、まずは1つ得意なプレアクロバットをつくろう。

1.側転のバリエーション

①体を横向きにし床に両手をつき、側転のように入るが、脚を開脚せず片方の膝を曲げる。

②脚が真上にきているときに体をひねり、回り始めのほうに頭を向ける。

③②の体勢から、片脚を床につける。

④もう片方の脚も床につけ起き上がる。

Check1 倒立状態になる瞬間に素早く体の向きを変えられているか。
Check2 重心を前に残さずスムーズに起き上がれているか。
Check3 つま先や膝を伸ばして美しく行えているか。

2.ポアソン

①長座になり、腕は左右に広げる

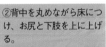
②背中を丸めながら床につけ、お尻と下肢を上に上げる。

③肩で支持しながら、上体も上に引き上げ回転する。

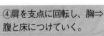
④肩を支点に回転し、胸⇒腹と床につけていく。

Check1 体を後ろに倒すときに体をゆるめていないか。
Check2 背中を床につけていくときの回転力を生かして回れているか。
Check3 回転するとき、両脚を揃えつま先や膝を伸ばせているか。

3.胸側転

①膝立ちで体を横向きにしながら、両腕を広げる。

②片膝を立てたまま、両腕を広げ胸から床につけ回転を始める。

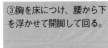
③胸を床につけ、腰から下を浮かせて開脚して回る。

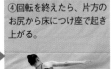
④回転を終えたら、片方のお尻から床につけ座で起き上がる。

Check1 回転中に十分開脚しているか。
Check2 腕を十分に広げ、しっかりと胸を床につけて回れているか。
Check3 つま先や膝を伸ばして美しく行えているか。

同じプレアクロバットは演技中にR、ADで1回ずつしか入れられないが、同じプレアクロバットを連続で実施すれば2回転になり、Rに必要な2回転を同じプレアクロバットで満たすことができる。プレアクロバットは、演技にダイナミックさを加えることができるのでうまく使いたい。

「記憶に残る選手」になるには

　新体操を始めたばかりで夢と希望に溢れているころは、多くの子どもが「オリンピック選手になりたい」と無邪気に口にする。しかし、1984年のロスアンゼルス五輪で新体操が正式種目になってから今まで個人選手で数えたらオリンピック選手は8人しかいない。正直、あまりにもその門は狭い。

　もちろん、新体操を続けているうちには、どうもオリンピックには程遠いぞ、と気がついてもその時々に目標があれば高くモチベーションを保ちながら練習を続けていけるだろう。そして、オリンピックには縁がないとしても、「誰かの記憶に残る選手」になれたらいいな、と考えるのではないだろうか。

　その誰かは、親でもよいし、指導してくださっている先生でもいい。いつかは自分が新体操の現役を終えた後も、「あんな選手がいたな」と思い出してもらえるような、そんな選手になれたら、たくさん練習をしてきた甲斐があった、と思えるに違いない。

　しかし、「記憶に残る選手」という目標もある意味、漠然としている。どんな選手が「記憶に残る」のだろうか。一つは、演技で記憶に残る選手をめざす道がある。手具操作が突出しているとか、驚異の柔軟性があるとか、卓越した表現力があるとか。そしてもう一つ、心の底から新体操が好き！　という気持ちを最後まで忘れず、それが演技に溢れる選手をめざす手もある。もっともこれは、めざしてなれるものではないのだが。今までたくさんの選手を見てきたが、引退した後もずっと思い出す選手たちはみんな、「新体操が大好き！」な生き様を見せてくれていたように思う。せっかく新体操に出会えたのだから、選手も指導者もそこをめざしたいものだ。

Part 6

演技の基本はすべてここから！フロアトレーニングに磨きをかける

どこのクラブでも部活でも、おそらく毎日やっているのが
「アップ」と呼ばれるフロアトレーニング。
新体操選手ならみんなが経験するトレーニングの
ポイントを改めて確認してみよう！

美しく立ち、美しく歩く！前半は一つひとつの動きをていねいに。

ポイント **28**

①高いルルベで美しく歩く。

②かかとを下して前パッセでキープ。

③脚を前に伸ばして90度以上でキープ。

④高いルルベで美しく歩く。

⑤かかとを下して前パッセでキープ。

⑥アチチュードを通って脚を後ろに上げる。

⑦脚を伸ばして90度以上のアラベスクをキープ。

⑧つま先を伸ばして大きく前に一歩踏み出す。

⑨脚を前に高く振り上げる。

⑩体を横向きにして脚を横に高く振り上げる。

⑪体を後ろ向きにして脚を後ろに振り上げる。

⑫高いルルベで止まる。

⑬進行方向を見ながら、プレパレーション。

⑭ルルベして、腕を丸くしながら前脚を踏み出す。

⑮体を引き上げ、腕を体の前で丸く保ちながらシェネ。

フロアトレーニング（一般的には「アップ」と呼ぶので以後「アップ」と表記する）は、どこのクラブでも行っていると思う。しかし、「アップの基本メニュー」は意外に紹介されていない。日本体操協会から発行されている「新体操教本」（⇒P111参照）でも様々なトレーニング方法も紹介されているが、これにも「アップ」は載っていない。 アップの内容や長さは、クラブによっても違いがあるが、時期によってもかなり変わってくる。大会が目の前に迫っている時期はアップを短め、シーズンオフになると、2時間はゆうにかかるほど徹底してい

るクラブもある。いきなり過激な動きをすると故障の原因にもなるので徐々に動きが激しくなるようなメニューにしよう。

ここが ポイント！

部活やクラブチームでの練習では、「アップ」はグループで行うことが多いので、周りのペースにある程度合わせることも必要になる。しかし、無理してペースを合わせることで本来の形が乱れてしまったり、本来やるべきところまでやり切れずにメニューをこなすだけになってしまっては、せっかくの「アップ」の意味がなくなってしまうので気をつけたい。

 アップの中で、苦手な要素がある場合は、部活やクラブでの練習以外の時間を使って自信をもって要素ができるまで練習しよう。

ポイント 29 かかとを 高い位置で 保って歩こう！

アップは大勢で並んで一斉にやることが多いので、ていねいにやり過ぎたり、苦手なものがあったりすると後ろがつかえてしまい焦ってしまう。初心者が最初につまずくのはこの「ルルベ歩き」だ。教えられたとおりに高い位置のルルベをしてしまうと、1歩でも歩くのは難しい。しかし、低めのルルベならすいすいと歩けてしまう。周りがすいすい歩いていたらどうしてもそこについていきたくなる。が、そこでルルベを低くしてしまうのはもったいないと思う。

新体操では「高いルルベ」は強力な武器になる。初心者だったらなおさらのこと、まずはそれをしっかりマスターしたいものだ。演技中となるとそこまで意識が回らないかもしれないが、毎日のアップの中でくらい自己最高地点にかかとがあるルルベで歩くようにしたい。追い越されても気にせずマイペースでいいのだ。

ここがポイント！

新体操ではかかとを上げることが多いが、同じかかとを上げるのなら床すれすれに上げるのではなく、高い位置まで上げたほうが安定する。バレエのトウシューズで立つイメージをもって練習しよう。

1. 前に歩く

①両腕を左右に広げてバランスをとり、かかとを高く上げて立つ。

②床から離れる瞬間からつま先を伸ばし前に一歩足を出す。

③軸足は常にかかとを高い位置で床ちながら、つま先を伸ばし脚を交互に前に出す。

Check1 軸足の重心は親指の付け根にしっかりのっているか。
Check2 つま先、膝を伸ばして美しく歩けているか。
Check3 脚を出すときに上体がふらふらしていないか。

GOOD
脚を前に出すとき、床をつかむような形が見えている

2. 後ろに歩く

①両腕を左右に広げてバランスをとり、かかとは床につけて立つ。

②床から離れる瞬間からつま先を伸ばし後ろに一歩足を出す。

③後ろに足を出したら軸足のかかとを上げ、後ろに出した足に重心を移動する。

Check1 軸足の重心は親指の付け根にしっかりのっているか。
Check2 つま先、膝を伸ばして美しく歩けているか。
Check3 脚を後ろに出した状態で一気にかかとを上げられているか。

GOOD
脚を後ろに出すとき、甲が美しいカーブを描いている。

後に歩くときには、かかとを上下させることになるので、慣れない間はかかと上げるのが難しい。足ばかり意識せず背中を引き上げ、上体をしっかりキープしながらできるだけリズミカルに弾むようなイメージで歩くとよい。はじめはかかとをやや低めに上げて感じがつかめたら徐々に高くしていこう。

ポイント 30 美しい歩き⇒パッセ⇒アラベスクと繋げてみよう

「前90度バランス」「アチチュード」「アラベスク」この一連の動きに入っているのは特別体の柔らかい子じゃなくてもできるものばかり。それだけに小さい子や初心者でも張り切ってやれるパートだ。

しかし、侮ることなかれ。「前90度バランス」「アチチュード」「アラベスク」はすべてバランス身体難度で価値が0.2だ。つまりかかとを下して実施しても価値点0.1にはなる。これはまだ180度開脚ができなかったり、高いルルベが保てない選手にとってはとても頼りになる身体難度になる。

きちんと難度がカウントできる形、1秒以上で止まれるか確認しながら、出来上がった形だけでなく、歩きからパッセ、パッセから前90度、あるいはアチチュードと形が変化する過程も美しくできるように練習しよう。

ここがポイント！

「前90度バランス」や「アラベスク」は比較的簡単な身体難度だが、それだけにつま先や膝の伸びや、動脚が外旋し膝が外を向いているかなどの細かい部分で差が目立つ。高いレベルで実施できるようにしよう。

1. パッセ⇒アラベスク

①両腕を左右に広げてバランスをとり、かかとを高く保ちながら前に一歩左脚を出す。

②前に出した左脚を軸にして右脚を前パッセにしてキープ。

③パッセしていた右脚を前に伸ばして90度以上の高さでキープ。

④つま先を伸ばして美しく静かに右脚を前に下ろす。

⑤前に出した左脚を軸にして右脚を前パッセにしてキープ。

⑥パッセしていた左脚を前に伸ばして90度以上の高さでキープ。

⑦つま先を伸ばして美しく静かに左脚を前に下ろす。

⑧下ろした左脚のかかとを上げたまま左脚に重心をのせる。

⑨左脚を軸にして右脚を上げていく。

⑩かかとを下ろして左脚で立ち、右脚を前パッセにする。

⑪アチチュードを通って右脚を後ろに上げる。

⑫後ろに上げた脚の膝を伸ばし90度以上の高さを保ちキープ。

⑬右脚を下ろしてかかとをつけて立ち、左脚を前パッセにする。

⑭アチチュードを通って左脚を後ろに上げる。

⑮後ろに上げた脚の膝を伸ばし90度以上の高さを保ちキープ。

⑯つま先、膝は伸ばしたまま美しく静かに左脚を下ろす。

Check1 左右ともアチチュードの形はきちんととれているか。
Check2 前後に脚を伸ばしたとき外に脚が逃げていないか。
Check3 つま先や膝を伸ばして美しく行えているか。

 アチチュードは柔軟性はそれほど必要なさそうに見えるので、簡単だと思われがちだ。しかし、実際には膝が下に落ちたりして、正しいアチチュードの形をつくるのは案外難しい。アチチュードはバランスでもローテーションでも0.2の難度になるのでアップの中でしっかり練習しよう。

ポイント 31 動きの中での バットマンを 正しく行おう！

まだキャリアの浅い選手達だと、アップの中でこの「バットマン」あたりからかなり悲惨な状態になってくる。「パッセ⇒アラベスク」（⇒ポイント30参照）まではそれなりにできていてあとは質を上げていく段階だった選手も、「バットマン」になるといきなり初心者レベルになってしまうのだ。

バットマンは脚を大きく振り上げるので、しっかり軸足で立つことさえも慣れない間は難しい。なので何列かに並んでアップをしていても、列を保つこともできなくなる。

バーレッスン（⇒ポイント14参照）だとバーに捕まることができるうえ、軸足は動かない。が、アップの中では軸足もどんどん変わるので、脚を上げる前に軸足にしっかり重心をのせることから意識しなければならないのだ。フロアでできてこそ演技にも生きてくるバットマンは、アップの中で練習を積んでいこう。

ここがポイント！

脚を上げることばかりに意識がいきがちなバットマンだが、アップの中では脚の上げ下げに伴って体の向きを変えていく。この練習はフェッテバランスにもつながるのできっちりできるようにしたい。

1 バットマン

①両腕を左右に広げ、右脚のかかとは床につけて左脚を一歩前に出す。

②前に出した左脚を軸にし、右脚を大きく前に振り上げる。

③下ろした右脚を軸にして体を横に向け、左脚を大きく横に振り上げる。

④下ろした左脚を軸にして体を後ろに向け、右脚を後ろに振り上げる。

⑤後ろに上げた右脚は90度以上まで上げる。

⑥右脚を下ろし、右に90度体の向きを変える。

⑦さらに90度体の向きを変えて前向きになり、右脚を一歩前に出す。

⑧右脚を軸にして左脚を大きく前に振り上げる。

⑨つま先、膝を伸ばしたまま美しく左脚を下ろし、左に90度体の向きを変える。

⑩左脚を軸にして右脚を大きく横に振り上げる。

⑪右脚を下ろし、左に90度体の向きを変えて後ろ向きになる。

⑫右脚を軸にして左脚を大きく後ろに振り上げる。

Check1 脚の上げ下ろしに伴って体の向きを90度ずつ変えられているか。

Check2 背中を引き上げ、上体の姿勢を保ったまま脚を上げているか。

Check3 つま先や膝を伸ばして美しく行えているか。

Excelent!

前に脚を上げるときに起きやすい骨盤のずれがない。

横の開脚が180度以上できている。

 バーレッスンではお馴染みのバットマンだが、いざフロアで何も支えるものがなくやるとなるとバーレッスンとは大違いになる。バーでなら上がっていた脚も上がらない、いや脚を上げる以前に片脚でしっかり立つことさえもおぼつかないはずだ。フロアでやることを想定しながらバーでも練習しよう。

ローテーションに繋がる 回転系の技を マスターする

ポイント **32**

この章で紹介しているアップメニューは、初心者〜中級者をイメージして組んであるので、あまり難しい動きは入れていない。回転系の技は、トップレベルの選手たちの場合は、アップでもバックルやパンシェのローテーションも入れてやっているが、ここでは基本となる「シェネ」と「パッセターン」だけを組み込んだ。どちらも移動することができるため、Rやステップにも使うことができて使う頻度も高いので、毎日のアップに組み込んで得意になるまで練習しよう。回転系の技は、プレパレーションから一気に軸にのることが重要なのは共通しているので、高度なローテーションの習得にも繋がっていくはずだ。

GOOD

回転系の技には高いルルベが必須となる。この高さがあれば十分だ！

ここがポイント！

Rで得点を得るためにシェネはよく使われるが、初心者〜中級者くらいだとシェネはかなり巧拙の差が目立つ。とくに多い脚の間に大きな隙間があるシェネは、実施減点にもつながるので注意しよう。

1. シェネ

①左脚を前に出し右脚をプリエし、左腕を体の前に構えてプレパレーション。

②進む方向に左脚と左腕を出し、体を進行方向に向ける。

③左脚に重心を移し、左腕から先に回るイメージで回転に入る。

④脚を1番ポジションに寄せ、腕を体の前で丸くして連続して回転する。

Check1 回転中、かかとは高い位置で保持できているか。
Check2 プリエした軸足を伸ばしながら一気に軸足にのれているか。
Check3 回転中、足は1番ポジションのルルベにできているか。

2. パッセターン

①左脚を前に出し右脚をプリエし、左腕を体の前に構えてプレパレーション。

②進む方向に左脚と左腕を出し、体を進行方向に向ける。

③左脚に重心を移し、右脚をパッセにして回転する。

④1周ったら右脚を下ろし、連続する場合は左脚をさらに前に出す。

Check1 回転中、かかとは高い位置で保持できているか。
Check2 プリエした軸足を伸ばしながら一気に軸足にのれているか。
Check3 パッセの形をしっかり保持して回れているか。

シェネやピケターンのように連続して進みながら回転する技は、Rにも使えるのでしっかりとマスターしたい。連続して回転すると目が回る場合は、進行方向をしっかり最後まで見ておいて顔は最後に一気に回す、といういわゆる「顔を切る」ことを意識して回るように練習しよう。

ポイント 33 運動量の多い後半も 細部まで意識して美しく！

①前方転回。連続して行ってもよい。

②後方転回。連続して行ってもよい。

③側転。入りの部分から開脚は美しく。

④側転の途中で最大の開脚を見せるように。

⑤その場でジャンプ。つま先で床をつかむような意識をもって。

⑥引きつけジャンプ。脚を思い切って引きつけよう。

⑦左右に両腕を広げて5番ポジションでのルルベから1歩前に脚を出す。

⑧上に軽く跳びながら後と前の足を空中で揃える。

⑨下りるときもつま先を伸ばして美しく軽やかに。

⑩勢いよく助走をつけ、片脚で踏み切る。

⑪引きつけジャンプ。（⑥は両脚踏み切りなので形が違う）

⑫踏み切った脚から着地する。

⑬腕で体を引き上げて山とび。

⑭両足を前で叩くガブリオール。

⑮両足を後ろで叩くガブリオール。

　ポイント28（前半）とポイント33（後半）で紹介したアップメニューはすべて左から右に向かって進むようになっているが、実際に行う場合は、それぞれに帰り（右から左）がある。バットマンやパッセ⇒アラベスクなどは一連の動きの中に左右の動きが入るようになっているが、ターンやプレアクロバットやジャンプなどは片道だけだと踏み切りや回転方向が片方だけになってしまうので、時間が許すならば往復同じものを左右変えてやってほしい。実際の演技では得意なほうを入れることになるだろうが、練習ではなるべく左右均等に使い左右差を小さくすることが望ましい。左右とも

やってみると苦手なほうではまったくできないものもあるはずだ。アップではあえて苦手なほうをやってみることで体のバランスも整うこともある。

ここがポイント！

　体も温まってくるアップ後半は、プレアクロバットやジャンプなど運動量の多い、激しい動きの連続になる。疲れてくると、どうしてもつま先や膝などの細かい部分への意識が疎かになるが、新体操歴が長くなりレベルも上がってくると、つま先や膝は無意識でも伸びるようになる。アップ後半でも美しい実施ができるようになれば熟練者の仲間入りだ。

シーズンオフなど、かなり長いアップのメニューを組む場合は、水分補給はこまめに行おう。とくに後半は激しい運動が続くので体調がすぐれないときは無理はせず、怪我につながらないようにしよう。

ポイント34 スピード感のあるプレアクロバットをめざそう！

　演技中により多くのADやRを入れて、D得点を少しでも稼ぐことで点数や順位を上げることができる現代の新体操では、動きにスピード感が求められる。90秒しかない演技時間にたくさんの要素をつめるためには、一つひとつの動きにより速さが求められるのだ。スピードのあるプレアクロバットは初心者にとっては難易度が高い。

　アップで様々なプレアクロバットに挑戦するのはよいが演技に入れる場合は、スピード感をもってできるものを選ぶように

したい。プレアクロバットを効果的に入れるとダイナミックにフロア内を移動できるなど利点も多いので、得意なものを増やせるように練習しよう。

ここがポイント！

　できない⇒できるが顕著にわかるプレアクロバットは、放っておいても練習する子が少なくない。プレアクロバットをきっかけに、指示待ちでなく自分で考えて練習する習慣をつけていこう。

1. 前方転回

①床に両手をつき片脚は床についたまま片脚を後ろに蹴り上げる。

②腕を床についたまま回転し体が上にきたとき最大に開脚する。

③片脚が床についたら上体を引き上げ、起き上がる。

Check1 足⇒腕⇒足への重心移動はスムーズにできているか。

Check2 床から離れるとき、床につくときもつま先は伸びているか。

Check3 回転の勢いと腹筋を使って素早く起き上がれているか。

2. 後方転回

①右脚を1歩前に出して立ち、上体を後ろに大きく反らす。

②両手が床についたら、左脚で床を蹴り右脚から回ってくるようにする。

③腕で体を保持しながら右脚が先に床についたら上体を起こし立ち上がる。

Check1 足⇒腕⇒足への重心移動はスムーズにできているか。

Check2 床から離れるとき、床につくときもつま先は伸びているか。

Check3 なるべく足に近い位置の床に手をついているか。

3. 側転

①体を横向きにして、片脚を蹴り上げて側方に体を倒し両腕を床につける。

②両腕で体を支え、体が一番上にきたときに最大の開脚を見せながら回転する。

Check1 つま先、膝が伸びた美しい実施ができているか。

Check2 最大に開脚した瞬間がしっかり見えているか。

Check3 床に手をつくときすでに脚は開脚できているか。

 今はダンスなどにもアクロバットが入っていることも多いが、新体操選手のアクロバットは体操選手ともダンサーとも違うのですぐにわかると言われている。小学生であっても新体操選手のアクロバットは隅々まで美しい。学校体育での器械体操があれば目立つこと間違いなしだ。

雄大なジャンプに繋がる「引きつけ跳び」を身につける

めの基礎になるものということで「引きつけ跳び」を入れてある。両足、片足どちらの踏み切りでもかなりしっかり引きつけ跳びが難度でカウントできるような高さで跳べるようになれば、踏み切り、そして引きつけがかなり身についたと言えるだろう。

また両足踏み切りでのその場跳びは、アップの定番だが、これをただ漫然と跳ぶのではなくつま先をしっかり伸ばし、床をつかんで跳ぶことは、つま先の強化になる。アップ後半できつい時間だが手をぬかずしっかり練習しよう。

アップの最後にはジャンプがある。そこまででかなり体力を使っているので、これはなかなかきついが、そんなときでもしっかりつま先を伸ばして美しいジャンプを跳べるように練習したい。ただ、ここでは初心者〜中級者を対象に考えたメニューなので、開脚ジャンプやターンジャンプはアップには入れていない。小さい子ども達でも練習しやすく無理のないもの、そして将来、もっと価値点の高いジャンプに挑戦するた

ここがポイント！

引きつけ跳びは身体難度としてもカウントできるが、シニアでも身体難度は最高9つまでしか入れられないので、演技構成によっては難度としてはカウントされないようにする工夫も必要になる。

1、両足踏み切り

①つま先で床をつかむようなイメージで毎回つま先を伸ばしながら両脚を揃えてジャンプ。

②3回に1回、両脚で強く踏み切り脚を前に引きつける。

③太ももが胸につくくらい引きつけられるようにしよう。

④プリエを使って両脚で柔らかく着地する。

Check 1 小さく跳躍するときもしっかりつま先が伸ばせているか。

Check 2 引きつけて跳ぶときは太ももは胸に、つま先はお尻につくくらい引きつけているか。

Check 3 着地も両足で下りているか。

2. 片足踏み切り

①大きく前に一歩足を出して踏み切りジャンプする。

②踏み切った脚を体に引きつけ、もう片方の脚も追いかけるように引きつける。

③上体を倒さず膝から下を太ももにつけるように引きつける。

④踏み切った脚とは反対の足から柔らかく着地する。

Check 1 両足とも踏み切った瞬間からつま先が伸ばせているか。

Check 2 一番引きつけたとき、左右の脚が揃ってしまっていないか。

Check 3 着地は踏み切りとは逆の足だけで下りているか。

同じ引きつけ跳びでも両足踏み切りと片足踏み切りではかなり印象が違う。両足踏み切りだとスポーティーで力強い感じがするが、片足踏み切りは、軽やかでステップのような印象がある。また、「引きつけ跳び」は、360度回転して実施すると価値点0.1のジャンプの身体難度になる。

ポイント 36

すべての動きの基本「シャッセ」を完璧にしよう！

　新体操の演技は、13×13メートルの四角いフロアで行うが、この広さは一人で踊ると意外に広い。それでいてフロア面をまんべんなく使用していないと芸術の実施で減点が入ってしまう。ジャンプ以外の身体難度はあまり移動には使えないし、演技中は徒競走のように走るわけにもいかない。

　小さなチャイルドさんの演技にももれなく入っている「シャッセ」は、新体操の動き、とくに移動を伴うものにはまず入っている、それも演技中に何回も入っている。トップ選手になってもそれは変わらない。

　新体操の演技はシャッセなしでは成り立たない。それだけに、誰にでもできそうな簡単な動きだが、そこでも質の違いを見せつけられるようなレベルをめざして練習しよう。初心者でもシャッセが美しければ、先が楽しみだと思わせる演技ができるのだ。

ここがポイント！

　両脚を寄せて小さく跳んでいるときは、つま先も伸ばして美しくできているのに、下りるときにいきなりかかとからドシンと落ちる、小さな子の演技ではよく見かけるが、下りるまでがシャッセと意識しよう。

1.シャッセ

①両腕を左右に開いて、5番ルルベで立ち右脚から前に一歩出す。

②右脚で踏み切り小さく上に跳び、左脚を右脚に引きつける。

③右脚でつま先から柔らかく着地する。

④左脚を前に一歩大きく踏み出す。

Check1 左脚と右脚を空中でしっかり揃えられているか。

Check2 左脚と右脚を揃えたときつま先は下を向くくらい伸びているか。

Check3 リズミカルに弾むようにできているか。

2.ステップのバリエーション

①両腕を左右に開いて、5番ルルベで立ち左脚から前に一歩出す。

②左脚で踏み切り、ホップしながら右脚をパッセの形に引きつける。

③左脚で着地し、右脚を踏み込み引きつけジャンプをする。

④右脚と左脚を揃えない形でかかとをお尻につける。

Check1 ホップのとき下を向くくらいつま先が伸ばせているか。

Check2 引きつけ跳びで十分に脚を引きつけているか。

Check3 着地は柔らかく下りているか。

両脚の引きつけが弱く、かかとがお尻についていない。

NG!

演技中に最低1回は入れる必要がある8秒以上のダンスステップは、8秒間で様々な変化を見せなければならない。シャッセから発展させてジャンプなどを組み合わせたステップなら高さにも変化が出て使い勝手がいい。アップのときに様々なパターンを考え練習してみよう。

ポイント 37

まずはここから！
一番基本的な
ジャンプをマスター！

プ中などに入れれば弾むような躍動感を表現できる。年少者でも挑戦しやすいジャンプなので、入門のジャンプとしても適していると言えるだろう。

技術の高くない選手が大会に挑戦するときは、実力以上の身体難度を入れるとカウントされなかったり、減点がかさみ結果的には点数を下げることになってしまう。こういった基本的な 0.1 のジャンプを確実にできるようにして堅実に点数を獲得する経験をすること

今回のアップメニューには難易度の高いジャンプは入れていないが、ここにあげた「山とび」「ガブリオール」や、「引きつけ跳び」（⇒ポイント 35 参照）などは、難易度は高くないが、今の新体操のルールではかなり有効に使えるジャンプなので、アップでも必ず行い、必要に応じて演技にも入れられるように磨いておこう。

「開脚ジャンプ」や「バックルジャンプ」のようなダイナミックさはないが、ステッ

が、さらに高い難度の技に挑戦するモチベーションにつながっていくだろう。

ここが ポイント！

「ガブリオールをしながら背面で投げる」という AD がある。これは投げの高さによって高ければ 0.3、小さい投げでも 0.2 がとれる（ジャンプ難度中＋視野外）。比較的やり易い AD なので挑戦してみよう。

1.山とび

①左脚を前に出し、踏み切る。

②右脚を振り上げふわりと山なりにジャンプする。

③右脚から柔らかく着地する。

Check1 つま先、膝を伸ばして美しく跳べているか。

Check2 高さを出すのではなく、大きな一歩のようなイメージで跳べているか。

Check3 開脚は90度くらいに抑えているか。

着地と同時に体の重心が後ろに傾きふらついている。 **NG!**

2.ガブリオール(カットジャンプ)

①右脚を前に出し、踏み切りホップする。

②右脚に続いて左脚も踏み切り、右脚に左脚をつける。

③右脚で柔らかく着地する。

④左脚を後ろに蹴り上げ、右脚で踏み切り左脚の前につける。

Check1 常につま先、膝を伸ばして行っているか。

Check2 前⇒後ろとリズミカルに跳べているか。

Check3 ジャンプ中、足先から頭の先まで一本になっているか。

ガブリオールは価値点0.1の身体難度だが、山とびは身体難度ではない。ガブリオールは「ジャンプ難度」として認められているので、AD中に必要な2つの基準のうちの1つを満たしている。また、ステップ中に入れられる0.1のBDとして便利に使うことができる魅力的なジャンプだ。

表現力は1日にして成らず。いろいろな経験をしよう

　マスコミにフェアリージャパンPOLAが取り上げられるとき、ロシアではコーチから「恋愛しなさいと言われていた」ということがよく話題になる。曰く、恋愛の経験もないのでは愛を表現したりできるはずがないと。言われてみればその通りだ。

　これは恋愛に限ったことではない。演技の表現をより深めたいと思うならば、様々な経験をし、プラス、マイナスどちらの感情も味わってみたほうがいい。知らないことを表現するのはかなり想像力がいるし、どこかとってつけたようになってしまうからだ。

　そのためには、どんなに新体操に熱中していても、学校の勉強や行事、家族で過ごす時間や新体操以外の趣味などもできるだけ大事にしてほしいと思う。私が指導していた高校生たちも、学校の行事にはできる限り参加していたし、それもかなり熱意をもって参加していた。運動系の行事はもちろん合唱コンクールなどでも活躍していたが、そのことに時間と情熱を割くことは新体操をやる上でなんの妨げにもなっていなかった。むしろ彼女たちの人間としての幅を広げ、音楽を解釈する助けにもなっていたと思う。

　以前、高校生には少し難しいかなと思うクラシックの楽曲を使ったとき、その曲を聴いて「人生だね」という感想を述べた生徒がいた。17歳でその感想が出る彼女はそれだけ本を読んだり、音楽を聴いたり、ときには映画も観ていたのか、自分が生きている範囲以外のこともおおいに吸収できる生徒だった。当然のように彼女は大学まで新体操を続け、表現力には定評のある選手になった。「新体操だけやっていればいい」では、そんな選手は育たない。すべての経験が選手を育て、表現力を育むのだ。

Part 7

「体」の質は得点にどう影響するのか を知ろう！

今は「手具難度（AD）」全盛時代。
体が少々硬くても、線が美しくなくても技ができれば点数は出る！
たしかに「D得点」はそんな傾向がある。が、「E得点」は？
「体づくり」を忘れば点数はどうなるのだろうか？

「体」の欠点による実施減点を減らそう

ポイント
38

新体操のルールはよく変わる。そして、その変更によって「価値のある（点数の出る）演技」の傾向ががらりと変わり、練習の内容も変わってくる。アリーナ・カバエワ（ロシア）の台頭でとにかく柔軟性がなければ！　という空気になった2000年代のはじめは、どこのクラブもかなり柔軟に時間を割いていたと思う。コンディショニングという考え方もまだ普及しておらず、今思えば恐ろしいようなぐいぐい押しまくる柔軟で子どもを号泣させた経験、あの頃に指導をしていた人ならみんなあるんじゃないかと思う。

柔軟性全盛だった頃の新体操は、今からは考えられないくらい手具が動いていなかった。ロープを2つ折りにしてぐるぐる回すような単純な手具操作でもこの頃はよかったのだ。折しも日本では全日本クラブチャイルド選手権がブランド大会化し、全

ここがポイント！

実施の正確性を求めるか、D得点アップを優先するかは選手によって違ってくる。運動神経や器用性が突出したタイプならば、思い切り技に走る手もあるとは思う。その選手の特性を生かせる作戦を考えよう。

国の小学生がこの大会に出場することを夢見ていた。そして、そこでは徒手演技での小学生チャンピオンが選ばれるので、みんな徒手演技に磨きをかけていた。

　自ずと柔軟性があり、つま先にも膝にも隙がなく、高い身体難度も楽々こなせるスーパー小学生が続々と誕生した。小学3〜5年生まで3年連続でこの大会を制した喜田純鈴選手はその象徴だった。小学生だった頃の喜田選手の徒手演技はまさにパーフェクトで点数の引きどころがなかった。小学生でも新体操に打ち込めばこんなスーパーチャイルドが育つのかと感心するしかなかった。

　が、ちょうど喜田選手が小学6年生になる年からクラブチャイルド選手権は手具ありの演技で行われるようになった。その少し前から、新体操のルールは大きく手具操作重視に舵を切っており、日本もそれに追随したのだ。あれから約10年が経ち、かなり上位にいる選手たちでも、忙しすぎる手具操作に翻弄され、体の綻び

はあちこちに見えるようになった。こうなると実施の審判は忙しくなってくる。

　実施（E得点）は、10点満点からの減点方式で「芸術的欠点」と「技術的欠点」の減点があるが、芸術的欠点の中の「つなぎ」「音楽とリズム」「身体の表現」の項目は、しなやかで美しい動きができないと減点されやすい。また「技術的欠点」では、「動作中の体の一部位の不正確な保持」によっての減点や、ジャンプは重い着地、不正確な着地、バランスやローテーションは形が固定されず保持されていないなどが減点になる。つまり手具操作を欲張りすぎた演技で身体難度や動きの質が下がれば、いくらD得点を上げてもそれ以上に実施減点されかねない。絶え間なく手具を動かしながらも、体も美しくコントロールできる、その両方を追い続けるしかないのだ。

+1　芸術的欠点の「身体の表現」という項目には、「部分的で硬く不十分な身体の動きは、演技中の割合によって減点される」という表記がある。数多くの難しい技ができていても体がしなやかに美しく動かせていない場合は、この項目で最大0.3の減点がついてしまう。

ポイント 39

「体」を磨くことによって より高い D得点をめざす!

今の新体操のルールでD得点を上げようとすると、ADを少しでも増やしていくという傾向にあると思うが、D得点を上げる方法はADの追加だけではない。当たり前のようだが、身体難度のレベルを上げればD得点は上がる。演技の構成や選手の特性によっては、無理してADを増やすよりも、身体難度をワンランク上げることをめざしたほうが賢い場合もあるのだ。

たとえば、支持ありでかかとを上げた横バランス（0.3）が演技に入っていたとしよう。身体難度がカウントされるためには、手具操作を伴わなければならないのでフープを手で回しながら行ってはじめて0.3になる。これが手で支持しないバランスになれば0.4になる。ジャンプも開脚ジャンプ（0.3）で後脚を曲げて頭につけられれば0.4、胴を後屈できれば0.5になる。もちろん、身体難度のレベルを上げることも容易では

ここがポイント!

身体能力の高い海外の選手たちの演技を見ていると、凄まじく高いレベルの身体難度を行いながら高々と手具を投げ上げている。身体難度がADの基準に入っていることを最大限に利用しているのだ。

ない。が、柔軟性や跳躍力などの身体能力は優れているが、器用性はあまりないタイプの選手であれば、今やっている演技内容に加えて新たなADを入れる練習をするよりは、身体難度のレベル上げをめざすほうが近道という場合もある。

　身体難度のレベル上げをめざして練習する中で、今やっている難度の質も向上し、ミスや実施減点も減っていく可能性も考え併せれば、総合的には点数アップにつながる選手も多いように思う。また、身体難度の質が上がることによって、ADを上げられる可能性も出てくるのだ。

　0.3が獲得できるAD（手具難度）は、ベースが「大きな手具の投げ」になっているが、そこに基準を2つつけることが必要となる。基準は15種類（⇒「魅せる！新体操レベルアップBOOKフープ」参照）あるがその中に「身体難度」も含まれているのだ。つまり、「身体難度を行いながら、手以外、視野外、脚の下から、軸回転を伴った投げなどを行う」ことができればそれで0.3のADとなる。もちろん、身体難度をしながらテクニカルな投げを行うことは簡単ではない。しかし、0.3の身体難度がこなせる力がある選手が、0.2に抑えた上でならばそこに投げを加えることも十分可能ではないだろうか。

　手具操作の練習に多くの時間をとられ、完成度を上げていく上でも手具でのミスを減らすことに意識がいってしまいがちかと思うが、少し視点を変えて、「手具操作に追われて身体難度や実施の美しさが損なわれつつある時代」だからこそ、体を磨いて身体難度のレベル上げをめざし、実施減点を減らすこととD得点アップの両方をめざす方法もあると思う。ADの名手たちの演技にはスリリングさでは負けるかもしれないが、美しさでは勝ることができるはずだ。

身体難度のレベル上げは、まったく新しい難度を習得することに比べれば取り組み易いのでぜひ挑戦してほしい。支持ありならできるバランスが支持なしだと止まれなくなる場合、何が足りないからできないのかを指導者がしっかり見極め、必要なトレーニングを示せば、着実に進歩できるはずだ。

ポイント 40 手具難度、Rで点数を稼げる「体」をつくろう

長年、新体操を見ているとルールが変わるたびにそれに追いつこうと工夫と努力をし、はじめは「絶対、無理！」と思っていた新しいルールにもなんとか対応していく人間の力ってすごいと感動を覚える。

日本の今のトップ選手たちの手具操作は、10年前だったら世界選手権や五輪にも出られたよ！　というくらいまで高度化している。そのためには、限られた練習時間の多くを手具操作の練習、それを演技中で行う練習に割いてきたのだろうと思う。その結果、今はジュニアでも、徒手は素晴らしいが、手具をもつとボロボロという選手は減ってきた。ジュニアでもかなり手具をやりこなせている、が、その反面、素晴らしく体がきれい、身体能力が素晴らしく高いという選手は減ってきた気がする。ルールの求める選手像がはっきりと変わり、みんなそれに対応してきたからだろう。

ここがポイント！

Rでの2回転をシェネで入れてくる選手は多いが、シェネを2回完全に回っていると認められるためには、かなり高いルルベで回り切れなければならない。バーレッスンなどでしっかり強い足をつくっておこう。

しかし、一つ気になっているのが、あまりにも手具操作先行になりすぎて体のトレーニング、身体難度のブラッシュアップが疎かになっていないだろうかということだ。それが結果的には優先してきたはずのADやRの点数さえも失うことにつながっている場合もあるのだ。

たとえば、プレアクロバットの前方転回や後方転回。これがスムーズにできないとRに入れていても、投げのキャッチに間に合わないということが起きてくる。プレアクロバットしながらの手以外の大きな投げは、0.3のADになるが、これもプレアクロバットが思い通りにコントロールできなければ大場外になりかねない。ジャンプしながら脚の下から手具を投げるADも、十分な高さと開脚のジャンプができてこそ可能になる。

手具操作がうまくなること＝新体操がうまくなること、ではないし、いくら手具操作が

重要視されても、体が伴わなければ点数にはつながらないのが現実だ。もちろん、成長の道筋は様々でいいと思う。少々粗っぽい演技でも、どんどん手具操作に挑戦して、高いD得点をめざすやり方もある。ただ、そういう選手も結局は、身体難度を磨き、美しい動作を身につけていってこそ、果敢な手具操作が生き、評価もされるようになるのだ。

大学生の選手たちの中にも、ジュニア時代は、粗削りだけどやっていることは凄い！　という印象だった選手もいる。しかし、彼女たちは大学生まで新体操を続けていく中でその技術が評価されるところまで体も磨き続けてきた。だからこそ、今では洗練された動きや深みのある表現力とテクニックを兼ね備えた名選手になったのだ。

 プレアクロバットを使った投げは、非常に多く見られるが、これはかなり体をコントロールできなければ難しい。結果、落下になれば最低でも0.5、場外にでもなれば1.0以上の減点になってしまう可能性があるので、安易に入れるのはリスクが大きいことは心得ておきたい。柔軟性、筋力をバランスよくつけて質の高いプレアクロバットができるようになったら投げと組み合わせるとよいだろう。

「新体操が好きですか?」

　私の故郷・長野県では20年以上前から「テレビ信州杯長野クラブカップ」という大会を1月に開催している。この大会を始めた頃は、長野県は新体操後進県で全国大会に出ても最下位に近く、「北信越のお荷物」と言われていた。それでも新体操に出会い、好きになり、熱心に練習に通ってくれる子ども達がいて、そんな子ども達に「新体操やっていてよかった!」という思いを少しでもしてほしくて創設した大会だった。スタート時には関東の有名選手を招待したりもした。長野ではなかなか見る機会のないトップレベルの演技を子ども達に見せたかったからだ。参考にしてうまくなってほしいというよりも、新体操ってこんなに素敵なものなんだ、と感じてほしいという気持ちからだった。

　この大会はすでに24回を重ね、全国から驚くほどたくさんの選手が集まる大会になった。チャイルドからシニア選手まで、まるで新体操のお祭りのようだ。そして、この大会を経験した選手の中からフェアリージャパンPOLAのメンバー入りしたり、国際大会に出場する選手も生まれてきた。長野県の子どもからも全国で活躍する選手がずい分育ってきた。

　それでも、今でもこの大会で一番感動するのは、幼い選手から円熟した大学生の選手までみんなの笑顔なのだ。ここで踊っていること、自分が新体操をやっていることを幸せだと感じてくれている、それが伝わってくる笑顔だからだ。だから私は毎年、この大会のレセプションで子ども達にこう問いかける。

　「新体操が好きですか?」

　「新体操をやっている自分が好きですか?」

　なによりもそれが一番大切なことなのだから。

Part 8

健康的に長く新体操を続けるための体づくり

小学生の頃に新体操を始め、大学生まで続けてきた
そんな先輩たちが今、感じている「体づくりの大切さ」
日本女子体育大学の選手たちと部長の橋爪先生に
これから新体操を頑張っていく人たちへの思いを聞いた。

日女の選手たちからの Message1

ポイント **41**

〜健康な体で 新体操を続けてほしい

大学でも競技選手として新体操を続けている選手たちは、たいていがジュニアや高校時代も全国でトップレベルの活躍をしてきている。多くの子は小学校入学時やそれよりも早く新体操を始めているので、大学になった時点でキャリアはゆうに10年以上、人によっては20年近くになる。まさに人生の大半を新体操と過ごしてきたのだ。

それだけ新体操に時間と労力を費やしてきた彼女たちから、まだこれから新体操を頑張っていくという後進たちに向けて、自分のこれまでの新体操を振り返りつつ、新体操を続けていくために、上達するために大切なことは何か、思うところを語ってもらった。

ここが ポイント！

清澤選手、植松選手が所属していたジュニアクラブは、バレエスクールか？　と思うほどバレエのレッスンが徹底していた。そのレッスンの成果か小学生の頃の徒手演技が素晴らしかった2人だけに「基礎」の大切さを身に染みて感じているようだ。

清澤毬乃

　新体操をやっている選手たちは、みんな一生懸命練習していると思いますが、ただ一生懸命なだけで、「何が正しいのか」を知らないと、間違っていることに気がつかないで故障してしまう場合もあります。長い間、見当違いの努力しているとしたら、選手にとってはとても残念なことです。正しいことを知ることがとても大事だし、新体操をやる以上は、それを知る努力を自分でしなければならないと思います。

植松桃加

　長く新体操をやってきて、結局一番大切なのは「基礎」なんだな、と思うことが多いです。私は、ジュニア時代にかなり厳しく基礎を叩き込んでもらったので、そのときは厳しいとか辛いと思ったこともありましたが、今になるとあの頃のおかげだな、と思うことが多いです。基礎を徹底してやってこそ「強い体」「使える体」ができると思うし、その体があってこそ、自分のやりたい新体操を追求できる気がします。

熊谷咲乃

　子どもの頃は、家族に手伝ってもらって柔軟や筋トレなどをよく家でやっていました。家族も私の新体操のために協力してくれてとても嬉しかったんですが、今思うと、ちょっと間違ったやり方もしていたような気がします。大学に入ってから、先生からの注意の意味が改めてわかってきたところもあり、基礎に関しては、今頑張り直している感じです。少しずつコツコツとやっていこうと思っています。

　ひと昔前に比べると、日本の新体操クラブの指導レベルは各段に上がっている。日本体操協会発行の「新体操教本」も平成21年発行のものは、28年発行のものの半分しかページ数がない。それだけ「指導法」の情報も届くようになっていることが、現在の選手たちの進化に繋がっているのだろう。

日女の選手たちからの Message2

ポイント 42

～自分のやりたい演技に近づくための体づくりを

　基礎練習が退屈で「もっと踊りたい」「手具を扱いたい」と思うような子どもは長い目でみれば非常に有望だ。長く続けて、上達すればするほど、最終的にはそういったクリエイティビティが求められる。しかし、そういう子どもにとって、地味ですぐには成果が出にくい基礎は鬼門だろう。

　地味な基礎練習で新体操を嫌になってしまわないためには、その練習の意味やこの先の見通しを示すことが必要だろう。これをやると、どのくらいでどんな成果が期待できて、それが新体操にどうつながるのか、

それがわかれば基礎練習に対する子どもたちのモチベーションも上がるはずだ。

ここがポイント！

　「演技が魅力的」という点で高く評価されている五十嵐選手や中村選手の口から「基礎よりも踊りたかった」という言葉を聞くと妙に納得できる。基礎も大切だがその気持ちも間違いなく大切なものだ。自由に踊るためには基礎が必要！　子どもたちにそのことを気づかせる指導が必要なのだ。

五十嵐遥菜

　子どもの頃は、基礎練習は楽しくありません。そんなことよりも音楽に合わせて踊ったり、ワクワクするような手具操作に挑戦したい、少なくとも私はそんな小学生でした。でも、今になって思うのは、あの頃「楽しくない」と思っていた基礎を地道にやることが一番の近道だったんだなということです。大人になったときに、自分のやりたいと思う演技ができるようになるためには、小さい頃は地道な努力が必要だなと思います。

中村　花

　私もそうでしたが、小さい頃は、基礎をやっていても「何のためにやっているのか」がわからなかったりします。わからないから嫌になったり、疎かにしたりしがちです。手具操作や踊りのほうが楽しいですから。ただ、今だから思うのは、あの意味もわからずにやっていたことが将来にしっかりつながっていたんだということ。意味をちゃんとわかってやっていたら今頃もっとうまくなっていたかもしれないな、と思います。

二木　萌

　基本的なやり方をしっかり身につけていれば、高校からでも大学からでも、新体操を続けている限り成長できるんじゃないかと思います。ただ、トレーニングの意味がわからないままやっていると正しくないやり方にいつの間にかなっていたりするので、そこは指導の先生や先輩などにまめにチェックしてもらい、狂いは小さいうちに修正していくことの必要性も感じています。

+1 指導者からやるべきことを指示されたときに、「なんのためにやるのか？」と質問できる子どもは少ないだろう。また、その質問にちゃんと答えるべきだと理解していない指導者も残念ながらまだ少なくない。自分で考えられる選手を育てるには、指導者も考え方を変えていく必要がある

橋爪みすず先生からのMessage
〜新体操を通じて美しい体をつくる

橋爪みすず PROFILE

　長野県出身。日本女子体育大学卒業後、長野県の伊那弥生が丘高校、高松学園伊那西高校で指導にあたる。同時にジュニアクラブ「ポーラ☆スターRG」を主宰。2015年には伊那西高校を全国高校総体優勝に導き、現在は日本体操協会審判本部長としての激務をこなす。

　私は指導者であると同時に、審判に入ることも多いので、審判が残酷なまでに非情に選手たちの演技を評価し、容赦なく減点するかをよく知っています。決して意地悪なわけではないですが、それが「審判」という仕事なのです。

　「試合に出る」ということは、そんな厳しい審判の目で評価してもらうのですから、とても勇気がいることだと思います。練習では、手応えを感じていたり、自分なりにはかなり満足できるようになってきた演技でも、審判の目で見れば、まだまだということは往々にしてあります。ただ、そうして厳しい評価を突きつけられたとき、「自分はダメなんだ。人よりも劣っているんだ」と思わないでほしいのです。たしかにあなたの演技には不足があった、だから今回は高い点数はつけられなかった、でもそれは「ここができるようになればもっと

ここがポイント！

　「体づくり」は新体操の土台。ここを疎かにしては建物は建てられない。派手さはないが一番大切な土台つくりを地道に頑張り続けることで「自分史上最高の演技」につながっていく。

よくなる」というメッセージだと受け止めてもらえ
ないでしょうか。

　そしてその「ここができれば」を実現するために、
トレーニングがあります。とくに柔軟性やラインの
美しさ、筋力など不足していれば即減点につながる
ような部分は、継続して地道なトレーニングをする
ことでしか手に入りません。その努力の先に栄冠が
あるかといえば、そうとは限りません。頑張っても
頑張っても本番に弱い選手もいれば、どうしても勝てない厚い壁に阻まれることもあります。

　それでも、自分のもっている能力を最大限に生かし、自分が追い求めてる理想の新体操
を体現するために努力する過程が尊いのです。一番になれるかどうか、ではなくどれだけ
自分を磨き、改革できるか。そう発想を変えれば、新体操で努力することはすべて自分の
糧になり、また新体操が自分のものになるのです。才能溢れる選ばれた人の新体操だけが
素晴らしいのではなく、一人ひとりの個性が最高に輝く新体操であれば、みんながスター
です。

　自分の新体操を追求する作業の土台になるのが「体づくり」だと思います。自分が望む
ように動ける、思い切り頑張ることができる健康な体で正しい努力を重ねれば、誰もが自
分史上最高の美しさと自分らしい演技を手に入れることができる。私はそう信じています。

 審判からもらった低い評価や、指導者からの厳しい指摘など、ともすれば落ち込む原因になることも、
「これから伸びるための肥料」をもらったと前向きに受け止めよう。落ち込んでなにかよくなること
はまずない。厳しい指摘は自分に可能性があるからこそ、とポジティブに捉えよう。

お わ り に

　この本を手にとってくださったあなたは、きっと新体操が大好きで、向上心でいっぱい！　なのだと思います。

　日々更新される新体操の最新情報を常にキャッチすべく、アンテナを高くしておくことも上達の秘訣とも言えます。

　この先、あなたが「もっと新体操のことを知りたい！」と思ったとき、または試合に出ることになったとき、きっとあなたの支えになってくれるサポーターたちを最後に紹介しておきます。

　そして、この本もまたあなたの新体操選手としての成長を少しでもお手伝いできたなら、こんなに嬉しいことはありません。

あなたの上達を支えるサポーターを見つけよう

新体操教本（2017年版）
日本体操協会コーチ育成委員会制作。新体操の歴史からスポーツ栄養学、コンディショニング、メンタルトレーニング等。分野ごとのプロが執筆を担当。指導者向けではあるが参考になる。（日本体操協会 HP に購入方法あり）

新体操採点規則（2017-2020年）
FIG（国際体操連盟）による 2017-2020 年の採点規則の日本語版。審判資格はなくても購入は可能。かなり難解ではあるが、新体操のルールを知るためには手元に置いておきたい。（日本体操協会 HP に購入方法あり）

FIG年齢別育成・競技プログラム
　FIG（国際体操連盟）によって、若い選手達の身体的・精神的発達を尊重するやり方を念頭において開発され、2019 年 1 月に発行された。年齢別、目的別の必須要素や技術習得一覧表、身体能力テストプログラムなどが提示されている。（日本体操協会 HP に購入方法あり）

日本体操協会公式サイト

http://www.jpn-gym.or.jp/

大会情報、大会結果、大会レポートなど。日本体操協会主催の大会、日本体操協会から選手を派遣している国際試合の情報を得ることができる。現在の日本の新体操の中枢の情報はこちらで。「協会販売物一覧」には、採点規則や新体操教本のほか大会 DVD などの販売情報もあるので要チェック。

日本新体操連盟公式サイト

https://www.japan-rg.com/

日本新体操連盟主催大会の情報、大会結果など。日本新体操連盟登録団体のリストもあり、居住地の近くの新体操クラブを問い合わせることもできる。日本全国から多くのエントリーがあるクラブ選手権、クラブ団体選手権、クラブチャイルド選手権の情報はこちらでチェック。連盟主催大会の DVD 販売も行っている。

チャコットオンラインショップ

https://shop.chacott.co.jp/rg/

練習用レオタード、大会用レオタード、ハーフシューズ、手具、ボディファンデーション、トレーニングウェア、トレーニンググッズ、雑貨など、新体操に必要なものはなんでもそろう。グラデーションや両面プリントのリボンやクラブなど手具はデザイン性と機能性に富んでおり、バッグや手具ケースなどもセンスのいいものが多い。ステージ用のメイク用品も充実。

スカイA

https://www.sky-a.co.jp/

「全日本クラブ団体選手権」「全日本新体操選手権」など、新体操を積極的に放送している CS チャンネル。選手の素顔に密着するミニ番組なども放送。視聴するには契約が必要だが、新体操コンテンツが充実しているのでおすすめめだ。

新体操NAVI

https://www.youtube.com/channel/UC26U28Q5CijtKSvmD9g6fVw

2020年10月にスタートしたNPO法人日本ビデオアルバム協会制作の新体操応援チャンネル。YouTubeに公式チャンネルを設け、全国のクラブ紹介や大会レポートなどのコンテンツを公開している。

協力

監修 ◆ 日本女子体育大学准教授　橋爪みすず

協力 ◆ 日本女子体育大学新体操部監督　木皿久美子

　　　　日本女子体育大学コーチ　高橋弥生・中澤歩・清水花菜

モデル ◆ 清澤毬乃、五十嵐遥菜、植松桃加、中村花、二木萌、熊谷彩乃

イメージ写真◆日本女子体育大学新体操部

Staff

制作プロデュース ◆ 有限会社イー・プランニング

構成・執筆 ◆ 椎名桂子

撮影 ◆ 岡本範和

写真提供 ◆ 清水綾子

デザイン・DTP ◆ 株式会社ダイアートプランニング　山本史子

競技に活きる！魅せる新体操　体づくりのポイント

2020 年 11 月 30 日 第 1 版・第 1 刷発行
2023 年 10 月 20 日 第 1 版・第 4 刷発行

監修　橋爪　みすず　（はしづめ　みすず）
発行者　株式会社メイツユニバーサルコンテンツ
　　　　代表者　大羽孝志
　　　　〒 102-0093 東京都千代田区平河町一丁目 1-8
印刷　大日本印刷株式会社

◎「メイツ出版」は当社の商標です。

●本書の一部、あるいは全部を無断でコピーすることは、法律で認められた場合を除き、
著作権の侵害となりますので禁止します。
●定価はカバーに表示してあります。
© イー・プランニング,2020.ISBN978-4-7804-2393-8 C2075 Printed in Japan.

ご意見・ご感想はホームページから承っております。
ウェブサイト　https://www.mates-publishing.co.jp/

企画担当：堀明研斗